Topos plus **Taschenbücher**
Band 536

Walter Krieger • Balthasar Sieberer

Was ist christlich an Europa

Topos plus Taschenbücher

Topos plus Verlagsgemeinschaft

Butzon & Bercker, Kevelaer | Don Bosco, München
Echter, Würzburg | Verlag Katholisches Bibelwerk, Stuttgart
Lahn-Verlag, Limburg Kevelaer | Matthias-Grünewald-Verlag, Mainz
Paulusverlag, Freiburg Schweiz | Friedrich Pustet, Regensburg
Tyrolia, Innsbruck Wien

Bibliografische Information der Deutschen Bibliothek

Die Deutsche Bibliothek verzeichnet diese Publikation in der Deutschen Nationalbibliografie; detaillierte bibliografische Daten sind im Internet über http://dnb.ddb.de abrufbar.

Originalausgabe

Einband- und Reihengestaltung:
Akut Werbung GmbH, Dortmund
Satz: Schröder Media, Dernbach
Herstellung: Pustet, Regensburg
Printed in Germany

Topos plus – Bestellnummer: 3-7867-8536-8
www.toposplus.de

Inhalt

Vorwort 7

Österreichische Pastoraltagung
»Pastorale Perspektiven auf dem Bauplatz Europa«

Emil Brix
Die Perspektiven Europas 9

Franz Eckert
Eine (geplante) EU-Verfassung aus christlicher Sicht .. 21

Michael Kuhn
Europa – von Brüssel gesehen. Die Europäische
Union durch die Brille eines kirchlichen Europa-
Lobbyisten 33

Wolfgang Palaver
Europa und ich: Ohnmacht und/oder Mitgestaltung? . 38

Paloma Fernándes de la Hoz
Welche sozialen Herausforderungen kommen
auf uns zu? 59

Paul M. Zulehner
Werte in Europa. Anknüpfungspunkte für die
Pastoral 85

Paul M. Zulehner
Vorüberlegungen zu einer Europäischen Pastoral 98

Josef Marketz
Dreiländerwallfahrt – Weg-weisend für die Zukunft
einer Region 111

Wilfried Nausner
Zweite Europäische ökumenische Versammlung in Graz 1997 – was ist wirklich geschehen? 121

Egon Kapellari
Wider die Larmoyanz! 127
Christliche Leitthemen auf dem Areopag des neuen Europa

Der Mitteleuropäische Katholikentag »Christus – Hoffnung Europas«

Heinrich Schnuderl
Zur pastoralen Bedeutung des »Mitteleuropäischen Katholikentages 2003/2004« und der »Wallfahrt der Völker« nach Mariazell 144

Walter Krieger
Der Mitteleuropäische Katholikentag – pastorale Beobachtungen 153

Martin Kugler
Das war »Mariazell 2004«. Einige Daten und Fakten zur »Wallfahrt der Völker« 162

Die Botschaft von Mariazell 165

Autor/innen und Herausgeber 169

Vorwort

Die Diskussion um den Begriff »christlich« in der geplanten EU-Verfassung hat hohe Wellen geschlagen. Dabei wird die historische Tatsache, dass die geistliche, kulturelle und politische Entwicklung Europas durch das Christentum maßgeblich geprägt wurde (und wird), keineswegs bezweifelt. Das Problem liegt in dem Wort »christlich« und wie es aus unterschiedlichen Perspektiven verstanden wird.

Die Rede von einem »christlichen« Abendland (oder einer »christlichen« Partei) drückt Zugehörigkeit zu einer Gemeinschaft von Menschen aus, die sich grundsätzlich auf Werte des Christentums bezieht, die aus dem Evangelium abgeleitet sind. Die persönliche Lebenshaltung der Einzelnen kommt eigentlich nicht in den Blick. Hier gibt es natürlich Menschen, die ihr Leben am Vorbild Jesu Christi orientieren, andere hingegen weniger oder gar nicht.

In einem zweiten Verständnis von »christlich« wird die Zugehörigkeit zu einer christlichen Glaubensgemeinschaft und die Bereitschaft verstanden, nach deren Grundsätzen zu leben. Dabei wird realisiert, dass niemand für sich allein Christ sein kann, andererseits besteht die Gefahr eines Irrtums, wenn z. B. eine Gemeinschaft manches aus eigener Sicht der Dinge als »christlich« versteht, was aber aus einer gewissen Distanz anders gesehen wird.

Konzentriert man das Verständnis von »christlich« auf eine bestimmte Glaubensgemeinschaft, kann man darunter in den europäischen Ländern vereinfacht die katholische, die schwedisch-lutherische oder die serbisch-orthodoxe Kirche usw. meinen.

Relativ neu, aber weit verbreitet und Wertschätzung ausdrückend ist ein Verständnis von »christlich«, das sich – unabhängig von einer Religionszugehörigkeit – auf eine Lebensführung bezieht, die in vielen Bereichen de facto nach der Art Jesu Christi vollzogen wird. Dann leben auch Nicht-Christen »christlich« oder als »anonyme Christen«. Denn sie haben – aus christlicher Sicht – sehr viel von

Jesus Christus und seiner Botschaft verstanden, ohne sich dessen möglicherweise bewusst zu sein.

Was ist christlich an Europa? – Manche Diskussionen scheitern an einer Vermischung dieser unterschiedlichen Verständnisse von »christlich«. So hört man einen engen Begriff heraus, wo er weit gemeint ist. Oder man muss damit rechnen, dass ein weit gefasstes Verständnis »eng« aufgefasst wird. Das ist wohl eine politische und gesellschaftliche Gesprächsrealität, mit der wir mancherorts erst lernen müssen umzugehen.

In Bezug auf die Entwicklung Europas und das Mitwirken der Christen an diesem offenen Prozess sind *Inhalte* wesentlich. Europa ist ein Lebensraum, der mehr umfasst als jene, die sich als »christlich« verstehen. Für alle aber stellt sich die Frage: Wie können die Menschen in Europa leben, damit dieser Kontinent Friede, Gerechtigkeit, Wohlstand bringt? Welche Werte sollen demgemäß einer europäischen Gemeinschaft zugrunde liegen? – Und bei Christen scheint es völlig klar, dass dies am besten durch die Werte des Evangeliums gewährleistet wird. Wie kann dies aber auch in einem persönlichen Lebensraum verwirklicht werden, was natürlich – mehr oder weniger – Auswirkungen auf gesamteuropäische Entwicklungen hat?

Dazu hat die Österreichische Pastoraltagung, die im Januar 2004 unter dem Thema »Pastorale Perspektiven auf dem Bauplatz Europa« stattfand, zahlreiche Ansatzpunkte aufgezeigt: »Europa« ist zwar kein selbstverständliches, aber ein sehr relevantes Thema für die Pastoral, das viel näher liegt, als man zunächst meinen möchte.

Walter Krieger
Generalsekretär

Balthasar Sieberer
Vorsitzender

des Österreichischen Pastoralinstituts

Die Perspektiven Europas

Emil Brix

Europa ist eine Konstruktion und die Europa-Idee ist das verbindende Element einer Konstruktion, die im Fluss ist. In diesem Prozess kann es immer wieder Argumente für oder gegen einen Teil dieser Idee geben – und damit klarerweise auch Gründe für oder gegen eine Erweiterung oder Vertiefung der Europäischen Union. Mit der geplanten Verfassung geht es darüber hinaus nicht mehr nur um die Festschreibung gemeinsamer Interessen, sondern um die Festschreibung einer Idee von Europa. Am 12. Dezember 2003 ist jedoch in Brüssel der Versuch von 25 europäischen Staats- und Regierungschefs gescheitert, der Europäischen Union eine Verfassung zu geben. Was bedeutet dies für die Zukunft Europas?

Es ist scheinbar so unmissverständlich. Wir Europäer/innen haben in 2000 Jahren Auseinandersetzung um die beste politische Ordnung auf diesem Kontinent gemeinsame Werte entwickelt, die wir heute für die europäische Integration zur Gewinnung von kollektiver Identität als Europäer nach innen nur zu benennen brauchen und die wir nach außen im globalen Wettbewerb nur mit fester Überzeugung zu vertreten haben. Woher kommt aber diese Sehnsucht nach den Bestimmungspunkten des Europäischen und nach einem spezifischen moralischen Imperativ? Die Frage nach den europäischen Werten enthält in ihrem Kern eine Unsicherheit über den weiteren Weg europäischer Integration nach dem Ende der Ost-West-Teilung. In der Sprache der europäischen Bürokraten klingt das Problem sehr banal. Wir brauchen Grundlagen und Argumente, um die »Vertiefung« und »Erweiterung« der Europäischen Union begründen zu können. Die Gleichzeitigkeit dieser Herausforderung zum momentanen Zeitpunkt macht die Diskussion allerdings schwierig.

Tatsächlich ist eine Wertediskussion eng mit der Frage einer »Verfassung« für die Europäische Union und mit der Frage nach den Grenzen Europas verbunden. Sind die Werte festgelegt, dann sind scheinbar objektive Kriterien bei der Hand, um Staaten wie der Türkei und Russland ihren Platz innerhalb oder außerhalb dieser Gemeinschaft zuzuweisen.[1] Es ist damit auch die Hoffnung verbunden, dass die bestehenden unterschiedlichen Vorstellungen der Mitgliedsstaaten über den eigentlichen Charakter der Europäischen Union zwischen Staatenbund und Bundesstaat einander angenähert werden können. Und schließlich soll die Diskussion über europäische Werte zum Gelingen der bevorstehenden Erweiterung der EU um die Mitte des Kontinents, also um Länder des ehemaligen »anderen« Europas, beitragen. Möchte aber die Gemeinschaft der bald 25 Mitgliedsstaaten, dass die Europäische Union eine Wertegemeinschaft bildet, oder bleibt es bei einem intergouvernamentalen Club, der manchmal einschneidende gemeinschaftliche Entscheidungen (z. B. Binnenmarkt, Schengen, Eurozone) trifft, dessen kulturelle und demokratiepolitischen Konsequenzen seinen Mitgliedern aber letztlich entweder nicht abschätzbar oder nicht geheuer sind?

Diese Diskussionen bestimmten den Europäischen Konvent, der die Verfasstheit der Europäischen Union neu festschreiben sollte und sie sind der Grund dafür, dass der Präsident der Europäischen Kommission, Romano Prodi, eine internationale Reflexionsgruppe über die geistige und kulturelle Dimension Europas eingerichtet hat. Dabei wird die Frage nach den Werten Europas unter dem Gesichtspunkt ihrer Bedeutung für die europäische Integration dis-

1 Vielleicht sollte man – wie der italienische Ministerpräsident Berlusconi dies angesprochen hat – auch an Israel denken, wo die Mehrzahl der Menschen aus europäischen Traditionen stammt. Es könnte Aufgabe einer Europäischen Union sein, einen Friedensraum zu bilden, in dem auch an jene Europa geographisch nahe liegenden Regionen gedacht wird.

kutiert (»was Europa über eine politische, wirtschaftliche und monetäre Allianz hinaus sein könnte oder sollte«). Es geht um nicht mehr und nicht weniger als um einen beabsichtigten Paradigmenwechsel im Selbstverständnis der Integration. Schon von Jacques Delors war vor einigen Jahren eingefordert worden, Europa eine »Seele« zu geben, weil die wirtschaftliche und sicherheitspolitische Kooperation allein weder Begeisterung noch nachhaltigen Erfolg für dieses Projekt erzeugen kann. Aber Europa ist seit dem 18. Jahrhundert ein Aufklärungsprojekt und damit nicht auf die Herstellung von gemeinsamen Emotionen, sondern von Kalkülen ausgerichtet. Und nach dem Zweiten Weltkrieg war es die rezente Erfahrung des radikalen Missbrauches von Werten und Emotionen, die die europäischen Politiker prägte und sie auch bei dem Ziel einer dauerhaften Friedenssicherung lieber über Kohle und Stahl sprechen ließ als über die Kultur.

Die Europäische Integration ist seit ihrem Beginn vor fünfzig Jahren ein Projekt der Moderne, in dem Geschichte und Traditionen kein Teil seiner Konstruktionen und Überzeugungen sein sollten, ja nach den Erfahrungen des Zweiten Weltkrieges bewusst vermieden wurden. Die Konzentration auf Wirtschaft und institutionelle Zusammenarbeit war eine für Europa höchst erfolgreiche Strategie, um wirtschaftlich zu einem Erfolgsmodell zu werden und gleichzeitig durch Ausschaltung kultureller Diskussionen Versöhnung zwischen seinen Mitgliedsstaaten zu einer Frage der Vernunft zu machen. Es wurde nicht über europäische Werte, sondern über europäische Märkte nachgedacht. Kulturelle Gemeinschaften konnten nur in Ausnahmefällen (z. B. Südtirol) im Rahmen der Integration Schutzrechte beanspruchen. Wertefragen wurden weitgehend dem Europarat überlassen. In Nordirland, im Baskenland oder auf Korsika konnten und können ethnische Überzeugungen gewalttätig aufeinander treffen, ohne dass dies die Europäische Union zu gemeinschaftlichen Handlungen verpflichtet.

Lange Zeit verstand sich die Europäische Union schlicht als eine überaus erfolgreiche Wohlstandspartnerschaft, die ihre Energie darauf konzentrierte, alle jene Bereiche zu integrieren, die ihren Mitgliedsstaaten wirtschaftliche Vorteile versprachen. In diesem Sinn sind die bisherigen Hauptziele »Wohlstand« und »Sicherheit« sehr erfolgreich gewesen. Im Wesentlichen gibt es heute in Europa nur Länder, die zur EU gehören oder zu ihr gehören wollen. Im Jahr 2007 steht bereits die nächste Erweiterung mit Rumänien und Bulgarien bevor, aber auch Kroatien, die Türkei und die übrigen Länder Südosteuropas haben eine Perspektive in Richtung EU. Aber es gibt Ausnahmen von der Sehnsucht nach der Europäischen Union und diese Ausnahmen verdeutlichen ein Defizit. Für die wohlhabenden Länder Schweiz und Norwegen sind wirtschaftliche Perspektiven kein ausreichender Grund für eine Mitgliedschaft in der EU. Hier bräuchte es wohl eine andere »Vision«.

Die bisherigen Erweiterungsrunden wurden de facto weitgehend ohne Diskussionen über damit verbundene Änderungen des kulturellen Selbstverständnisses der Gemeinschaft durchgeführt. Solange es politisch in Europa einen klaren Westen und einen klaren Osten gab, war es ein realistisches Ziel, alle nichtkommunistischen europäischen Staaten, die dies wollten, in die EU zu integrieren und sich dabei auf die erfolgreiche Übernahme des acquis communitaire zu konzentrieren. Die gemeinsame Identität ließ sich in Abgrenzung zum »anderen« unfreien Europa einleuchtend formulieren. Kultur und Kulturförderung verblieb zur Gänze in der Kompetenz der einzelnen Mitgliedsstaaten.

Seit dem Ende der ideologischen Teilung Europas braucht aber die Europäische Union auch einen neuen »Stoff für ihre Träume«. Dies wurde nicht sofort 1989 sichtbar, weil die ökonomische und politische Herausforderung einer Integration des »anderen« Europas im Vordergrund stand und auch für die neuen demokratischen Reformstaaten Wohlstandsziele Vorrang hatten. Nicht zufällig wurde aber wenige Jahre nach dem Ende des Eisernen Vorhangs europäische Kulturpolitik erstmals zu einem Bestandteil der EU-Verträge. Seit 1992, dem Vertrag von Maastricht, gibt es eine rechtliche Grundlage für eine gemeinschaftliche Kulturkompetenz, die aber sehr restriktiv formuliert wurde (komplementärer Charakter), weil die Mehrzahl der Mitgliedsstaaten Kultur als nationalstaatliche Aufgabe versteht. Aus der richtigen Erkenntnis, dass die Stärke europäischer Kultur in ihrer Vielfalt besteht, wurde der falsche Schluss gezogen, dass Kultur im wesentlichen ein Reservat nationalstaatlicher Gestaltungsmöglichkeit bleiben müsse. Eigentlich sollte es eher um die Stärkung der Regionen gehen, die in ihrer Identität, weit mehr als die Nationalstaaten, europäische Kulturmuster bewahrt haben und dies auch dem Bürger besser vermitteln können.

Die Folgen der kulturpolitischen Selbstbeschränkung der EU zeigen sich heute in den Problemen, in den Mitgliedsstaaten europäisches Bewusstsein zu stärken. Das Ergebnis ist auch, dass Staaten wie Großbritannien ohne Widerspruch die EU als wirtschaftlichen Club mit Wohlfahrts- und Friedensdividende verstehen können.

Europa ist eine historische und damit eine dynamische, veränderbare Größe. Das historische Muster der europäischen Kultur hat sich mit den Worten Carl Friedrich von Weizsäckers in drei Schritten herausgebildet: »Als der Bereich der griechischen Kultur, dann der römischen Herrschaft, schließlich der christlichen Religion«. In der Auseinandersetzung dieser drei Traditionen gewann die Kultur Europas ihre unverwechselbare Gestalt, die hinter der Vielfalt kultureller Erscheinungen als Gemeinsamkeit das Bemühen um die Duldung von Unterschieden erahnen lässt.

Daniel Cohn-Bendit hat vor einiger Zeit das europäische Dilemma auf den Punkt gebracht. Die traditionelle Europapolitik, die von überzeugten Politikern einer Nachkriegsgeneration gemacht wurde, sei »am Ende der Fahnenstange« angelangt. Es ist eine schwere Zeit für Europa und seine Politiker/innen. Gerade in einer Zeit, in der mit der gemeinsamen Währungspolitik und der Erweiterung der EU die vielleicht letzten großen Projekte alten Stils gelingen sollen, muss jeder Politiker sich verbal dazu bekennen, dass das Projekt Europa mehr demokratische Diskussions- und Entscheidungsprozesse braucht. Wie soll man dabei den Menschen in Europa klarmachen, dass auf allen politischen Ebenen ernsthaft über die stärkere Einbeziehung der Bürger/innen in europäische Prozesse nachgedacht wird, aber gleichzeitig »Geschichte, Ideologie und kulturelle Voreingenommenheit« (Eric Hobsbawm) Vorrecht der Staaten bleiben soll? Wen wundert es, wenn daher innerhalb der EU-Staaten selbst nur einigermaßen geschickte Populisten Zulauf haben, wenn sie diesen Widerspruch für ihre Ziele nutzen?

Wie viel Gemeinsamkeit und wie viel kulturelle Unterschiede wollen die Bürger/innen Europas? Der ungarische Schriftsteller György Konrád beschreibt den positiven Wert der Pluralität Europas als Herausforderung: »Wir wollen die Welt nicht in Weiß und Schwarz einteilen, das ist es ja gerade, wogegen wir uns von Anfang an empört haben, dass wir alles entweder für tugendhaft oder für sündhaft zu halten hätten. Europäisch ist, was vielsprachig ist, was viele Gattungen hat, was mehrdimensional ist.«

Wenn dies spezifisch europäisch ist, dann gehört zu Europa ganz zentral das Wissen um Geschichte. Historische Mythen und Geschichtserzählungen stellen die Grundlage kultureller Identitäten von Gemeinschaften dar. Besonders im mitteleuropäischen Raum haben der oftmalige Wandel von Grenzen, Regimes, Ideologien sowie Bevölkerungsverschiebungen und Prozesse der Assimilation im 20. Jahrhundert eine besondere Sensibilität für Geschichte und ihre Rolle bei der Konstituierung und Veränderung von kollektiven Identitäten geschaffen. Besonders ethnische und weltanschauliche Geschichtsbilder wurden dabei zu konkurrierenden politischen Argumenten für Gemeinschaftsbildungen, die Teile der eigenen Traditionen ausblenden und verdrängen sollten. Die europäische Gegenwart seit dem Ende des Eisernen Vorhangs wird daher vor allem in den Reformstaaten Mittel- und Osteuropas als »Rückkehr der Geschichte« interpretiert. Die ideologische Teilung Europas zwischen 1945 und 1989 hatte weder im Westen noch im Osten des Kontinents historisch legitimierten Identitäten großen politischen Gestaltungsraum gegeben.

Die in Jalta festgelegte Nachkriegsordnung sollte im Osten und im Westen neue Traditionen begründen. Es wurde eine erst nach mehr als 50 Jahren als unhaltbar erkannte Grenze zwischen Vergangenheit und Gegenwart errichtet. Im Westen sollte konfliktreiche ethnische Identitätspolitik von einem aufgeklärten und demokratischen europäischen Integrationsprojekt abgelöst werden. Im kommunistischen Osten Europas sollte ein bürgerliches Weltbild beseitigt werden. Mit dem Fall totalitärer Regime in Mittel- und Osteuropa wurde Geschichte wieder zu einem Beweismittel für Kontinuität und gleichzeitig Lernfähigkeit von Gesellschaften. Seit 1989 konkurrieren dabei die Vorstellungen von Geschichte als Instrument der Aufklärung und als Mittel zur Bildung von Gemeinschaftsbewusstsein. Die mitteleuropäische Erfahrung spricht für eine Beschäftigung mit beiden Vorstellungen. Schließlich hat der europäische Reisende viel Geschichte in seinem Gepäck und dies kann eine Chance für die Zukunft Europas sein, auch wenn derzeit das Gesetz des internationalen Handelns von der realpolitischen Macht der USA geprägt ist, für deren Regierung derzeit vor allem der Wert der Unterscheidungsfähigkeit zwischen »tugendhaft und sündhaft« im Vordergrund steht.

Europa ist ein Produkt seiner kulturellen Entwicklung und damit auch seiner Religionen, aber in seinem erfolgreichsten Integrationsprojekt, der Europäischen Union, steht Kultur als Integrationsinstrument bisher nicht auf der Tagesordnung. Wirtschaftlich und politisch soll die Integration immer enger werden, aber kulturell sollen die Unterschiede blühen. Wer heute über die gemeinsame Kultur Europas spricht, sieht sich mit dem Vorwurf konfrontiert, er missachte die Stärke dieses Kontinents, seine kulturelle Vielfalt, und fördere einen ungeliebten »kulturellen Einheitsbrei«. Demokratie auf europäischer Ebene, eine gemeinsame europäische Öffentlichkeit und ein stärkerer emotionaler Bindungsgrad der Bürger/innen an die EU sind aber ohne ein Nachdenken über und ein Handeln für die europäische Kultur nicht zu erreichen.

Kultur ist heute in Europa längst wieder zum entscheidenden Faktor für Gemeinschaftsbildung *und* Differenzierung geworden (Ursachen: Ende der Ost-West-Trennung 1989, Globalisierungsprozesse, Stärke der Zivilgesellschaft). Die kulturelle Differenzierung hat dabei viele Verbündete. Wer möchte nicht seine Muttersprache bewahren, wer ist nicht stolz auf sein nationales Kulturerbe, wer lernt nicht in den Schulen seinen nationalen kulturellen Kanon, wer kennt nicht Globalisierungserfahrungen, die ihn erschrecken? Aber welche Verbündete haben jene, die kulturelle Gemeinsamkeiten für ein starkes Bindeglied, für eine wichtige Basis für ein vereintes Europa halten? Europa steht seit 1989 vor grundsätzlichen kulturellen Fragen, die überwiegend von den Erfahrungen des »anderen Europas« aktualisiert werden und mit der Erweiterung der EU zu einem Teil unserer gemeinsamen Zukunft werden:

Kritik am Fortschrittsdenken: Im Fortschrittsdenken gibt es nur eine Richtung und ein Ideal gesellschaftlicher Entwicklung. Diesem Ideal westlich-aufgeklärter Liberalität stehen rückständige und verspätete Gesellschaften gegenüber, die danach beurteilt werden, wie rasch sie die zivilisatorischen Errungenschaften fortgeschrittener Staaten aufholen können. Nach diesem Modell geht es heute um die Frage, wie schnell sich die Transformationsländer des Ostens anpassen können. Das Schlagwort dazu lautet: »Rückkehr nach Europa«. Die ökonomisch erfolgreichen marktwirtschaftlichen Prinzipien werden als Bestätigung der Erfolge des Fortschrittsoptimismus gesehen. Die Erfahrungen des östlichen Europas erneuern aber in Europa kritische Reflexionen über die Rolle von Fortschrittsideologien, die bereits am Beginn des 20. Jahrhunderts im Wiener fin-de-siècle angestellt wurden. Ein Lob der Langsamkeit und die Kritik an einer Reduzierung des Menschen auf seine Rationalität sind Ansätze, die aus den Erfahrungen des anderen Europas aktualisiert werden.

Geographie und Geopolitik: Die Geographie Europas wird wieder zu einer politischen Kategorie, nach deren Prinzipien die inneren und äußeren Grenzen Europas diskutiert werden. Das Nachdenken über »Räume« und »Orte« kultureller Differenzierung und Verbindung hatte im ehemaligen Osten die Funktion, ideologisch begründeten Tendenzen der Vereinheitlichung entgegenzuwirken. Im neuen Europa wird die geographische Lage zu einem Faktor des kulturellen und politischen Selbstverständnisses.

Kulturelle Vielfalt: Der politische Wandel Mitteleuropas macht Europa nicht nur geographisch größer, sondern er führt auch das Thema der kulturellen Vielfalt mit seinen Konflikten und Anreizen wieder in die Europadebatten ein. Mitteleuropa spielt dabei mit seinen kulturellen Mehrfachcodierungen eine zentrale Rolle. Europa wird sprachlich, religiös und ethnisch vielfältiger. Es werden Modelle kultureller Pluralität historisch untersucht (Habsburgermonarchie) und aktuell formuliert (Schlesien, Bosnien). Gleichzeitig werden Sprachen, Traditionen und kulturelle Räume Bestandteile eines demokratischen politischen Dialoges, in dem Vertreter/innen unterschiedlicher Identitäten historische Aufarbeitung, Wiedergutmachung und »Gerechtigkeit« verlangen können (z. B. Sudetendeutsche und Roma).

Zivilgesellschaft und Gegenöffentlichkeiten: Wenn in Europa heute grundsätzlich und hinsichtlich ihrer praktischen Ausgestaltung über Demokratie gesprochen wird, so beruht dies wesentlich auf den zivilgesellschaftlichen Gegenöffentlichkeiten, die in Mittel- und Osteuropa die Freiheit erkämpft haben und heute am Aufbau von zivilgesellschaftlichen Strukturen in ihren Staaten arbeiten. Auffallend ist dabei, dass auch traditionelle Bindungen, wie etwa die Kirchen, als zivilgesellschaftliche Chancen für Gemeinschaftsbildung und gesellschaftliche Reform verstanden werden. Auch innerhalb der EU-Staaten wird ein Mehr an Zivilgesellschaft und Öffentlichkeit gefordert.

Kreativität der Grenzen: Zu den kulturellen Traditionen Mitteleuropas gehört es, in einer Region zu leben, in der ständig Grenzen überschritten werden, ja Grenzen als relative Größe erlebt werden, die veränderbar ist. In Mittel- und Osteuropa besteht eine nicht nur literarische Tradition, Grenzen und periphere Räume als kreative Orte zu sehen, die deshalb kulturell herausfordern können, weil sie nicht ausschließlich als Gegenden, die zivilisiert werden müssen, verstanden werden.

Erinnerung und Gedächtnis: Im kulturellen Gedächtnis der neuen Demokratien Ostmitteleuropas scheint mehr Raum für widersprüchliche Traditionen und für jene Formen des Erinnerns zu sein, die Gemeinschaftsgefühle vermitteln können, als in den westeuropäischen Demokratien. Während in Berlin und Wien Holocaust-Denkmäler aufgestellt werden, stehen im ehemals anderen Europa auch neue Denkmäler nationaler Helden. Der Osten hat Europa sehr unterschiedliche Wirklichkeiten gegeben. Mythische Räume (Galizien, Transsilvanien) und in Europa weitgehend »vergessene« Städte (Krakau, Czernowitz, Vilnius, Odessa) werden attraktiv und zu Touristendestinationen. Die Erinnerung enthält allerdings auch ethnische Unversöhnlichkeiten, die vom Kommunismus geleugnet oder für die eigenen Ziele eingesetzt wurden.

Ethnisierung: Mit Ausnahme von Bosnien-Herzegowina sind alle neuen Staatsgründungen nach 1989 ethnisch begründet worden und entsprechen einem kulturell legitimierten Nationsverständnis. Ethnische Gemeinschaften werden im Westen permanent dekonstruiert, während der Osten sie rekonstruiert. Dieser Gegensatz gibt Europa Fragen auf, die zeigen sollten, ob der kulturelle Nationalismus des 19. Jahrhunderts von demokratischen Gesellschaften als Wettbewerb kultureller Vielfalt neu formuliert werden kann.

Minderheiten: Die Mitte und der Osten Europas besitzen Traditionen des Lebens mit ethnischen, sprachlichen und religiösen Minderheiten, die das 19. Jahrhundert als »Jahrhundert der Assimilation« und das 20. Jahrhundert als »Jahrhundert der Extreme« nicht vollständig zerstört haben. Minderheitenfragen werden wieder zum Prüfstein der Qualität politischer Ordnung.

Jüdische Identität in Europa: Der Osten Europas, der bis in das 20. Jahrhundert das Hauptsiedlungsgebiet europäischer Juden war, erlebt eine Renaissance des Interesses an jüdischer Kultur. Der Beitrag jüdischer Traditionen und Gemeinschaften zum europäischen Kulturerbe stärkt nicht nur die kulturellen Verbindungslinien zwischen dem westlichen und dem östlichen Europa, sondern bietet auch zusätzliche Argumente gegen antisemitische Traditionsmuster.

Geschichte als Verantwortung: Wenn Geschichte wieder permanent in aktuellen politischen Diskussionen präsent ist und als Rechtfertigung bestehender oder intendierter Situationen der Gegenwart herangezogen wird, so entsteht daraus eine identitätsorientierte Geschichtspolitik, die Europa auch zunehmend von den USA unterscheidet. Zugespitzt lässt sich sagen: In den USA beginnt die Zukunft immer »jetzt«. In Europa beginnt die Zukunft immer »zumindest bereits gestern«.

Die seit 1989 deutlich erkennbare Rekontextualisierung der Kultur (Religion als identitätsstärkender Faktor von Gemeinschaftsbildung und Solidarität, Rückkehr der Geschichte und Geographie, Antiglobalisierungskampagnen, Rekurs auf die Zivilgesellschaft, neue Urbanität) kann für Europa langfristige politische Auswirkungen haben, weil sie eine Pluralisierung von Diskursen unterstützt und damit die Formen und die Qualität der Kommunikation zwischen Räumen und den Erinnerungen und Identitäten, die sie enthalten, wieder zur entscheidenden gesellschaftspolitischen Frage macht. Dies macht die Frage nach den einheitsstiftenden Ideen in der Kultur Europas zur entscheidenden Frage einer gemeinsamen europäischen Zukunft.

Diese Fragen sind für Europas Zukunft eminent wichtiger als die Frage nach den Stimmgewichten der Mitgliedsstaaten der Europäischen Union.[2] In dieser »kulturellen« Diskussion braucht es eine kirchliche Mitwirkung, die den europäischen Einigungsprozess unterstützt – mit oder ohne europäische Verfassung.

---

2 Die Idee eines »Kerneuropa«, die etwa von Habermas und dem postmodernen Denker Derrida befürwortet wurde, bietet keine Perspektive der Erneuerung, schon gar nicht für die Menschen in jenen Ländern, die der EU beitreten wollen. Dazu hat der ungarische Schriftsteller Peter Eszterhazy sarkastisch bemerkt: »Früher war ich ein Osteuropäer, dann war ich ein Mitteleuropäer – das waren schöne Zeiten. Jetzt bin ich ein neuer Europäer, später werde ich vielleicht ein Nicht-Kern-Europäer sein – aber wie groß ist dann ein solcher europäischer Zwerg?«

Eine (geplante) EU-Verfassung aus christlicher Sicht

Franz Eckert

Begründung

Was hat die EU-Verfassung mit dem pastoralen Engagement der Kirche zu tun? Die Antwort dazu liegt in der Pastoralkonstitution des Zweiten Vatikanischen Konzils. »Trauer und Angst der Menschen von heute sind auch Trauer und Angst der Jünger Christi« (vgl. Gaudium et Spes 1). Aber haben die Jünger Christi in unserer umwölkten und verunsicherten Zeit nicht andere Sorgen als den EU-Verfassungsvertrag, der noch nicht einmal von der Regierungskonferenz beschlossen ist?

Andererseits: Ist nicht der Inhalt dieses Verfassungsvertrages, der der Rechtsrahmen für unser Leben und das Leben unserer Kinder sein wird, Prüfstein für die Beurteilung der Europäischen Union aus christlicher Sicht? Und ist diese Beurteilung nicht ausschlaggebend dafür, ob wir Christen berechtigt, ja verpflichtet sind, auf diesem Bauplatz Europa mitzuarbeiten? Und ist die weit verbreitete Europaskepsis, die unsere Freude an dieser Mitarbeit lähmt, nicht zum großen Teil darauf zurückzuführen, dass die Menschen – z. B. in unseren Pfarren – viel zu wenig glaubwürdige Informationen darüber haben, was in dieser Europäischen Union wirklich vorgeht? *Dieser Informationsmangel ist ein pastorales Problem, seine Behebung ist eine pastorale Aufgabe.*

Anlässlich einer Informationsveranstaltung für die Abstimmung über den Beitritt Österreichs, am St. Martinstag in Eisenstadt (1993), hat eine junge Diskussionsteilnehmerin einen Politiker am Podium gefragt: »Wann werden Sie endlich mit ihrer bürgerfeindlichen Raumkapselpolitik aufhören und die Menschen korrekt darüber informieren, was ihnen bevorsteht?« Der Politiker verwies auf das vom Land eingerichtete EU-Telefon, wo die Anfragerin jegliche Auskunft erhalten könne. Darauf sie: »Dieses Telefon nützt uns nichts, wir haben längst das Kabel zum Hörer durchschnitten, denn wenn man dem Informanten keinen Glauben schenken kann, nützt auch die Information nichts.« Auf die Frage, ob sie auch dann das Kabel zum Hörer durchschneiden würde, wenn die Kirche ein solches Telefon eingerichtet hätte, kam die Antwort: »Nein, da wäre schade um das Material. Aus einem solchen Telefon würden wir nämlich von vornherein keine Antwort erwarten.«

Im Folgenden werden Antworten angeboten und einige Hinweise darauf gegeben, dass es den christlichen Kirchen in ökumenischer Zusammenarbeit gelungen ist, in der Verfassung viel christliches Gedankengut zu verankern und den Kirchen die notwendigen Rechtspositionen und Spielräume zu verschaffen. Wenn diese Informationen für brauchbar befunden und in der Pastoral weitergegeben werden, dann werden wir für unsere Bemühungen am Sitz der Union hoffentlich mehr Rückenwind erhalten, als dies derzeit der Fall ist. Wir haben in der zweijährigen Diskussion um die Verfassung vieles geschafft, aber wir hätten noch mehr geschafft, wenn wir von einer »Grundwelle« getragen würden, die den Politikern aller Schattierungen begreiflich macht, dass die Christen auch nach dem 1. Mai 2004 die Mehrheitsreligion innerhalb der Union sein werden. An den Juden und auch an den Muslimen können wir uns, was diese »Grundwelle« anlangt, ein Beispiel nehmen.

Bei unserer Arbeit bei den zentralen Einrichtungen der Europäischen Union geht es nicht nur darum, das Bestmögliche zu erreichen, sondern auch einmal erreichte Positionen nicht wieder zu verlieren. Jede Inkonsequenz rächt sich, wie ein aus einem Damm herausgebrochener Stein den ganzen Damm in Gefahr bringt. Die teilweise Straffreistellung der Abtreibung hat unsere Bemühungen um die Integrität menschlichen Lebens von der Embryonenforschung bis zur Euthanasie erschwert. Der Kampf um den arbeitsfreien Sonntag wäre glaubwürdiger zu führen, wenn der Sonntag von der Mehrzahl der Gläubigen tatsächlich zu kultischen Zwecken und nicht nur als Erholungstag verwendet würde. Eine Position, die einmal verwässert oder aufgegeben ist, wird nie mehr zurückerlangt werden können.

Die Wurzeln der Verfassung

Die Europäische Idee reicht mehr als tausend Jahre zurück. Auf den Trümmern des Zweiten Weltkrieges war sie die einzige plausible Antwort auf die Frage nach der Vermeidbarkeit eines weiteren Krieges mit vernichtenden Folgen für Europa. Die katholischen Unionsgründer Schuman, Monet, de Gasperi und Adenauer strebten zunächst eine politische Union an, um den Frieden in Europa zu sichern. Da die Zeit dafür noch nicht reif war, wichen sie auf eine Wirtschaftsunion aus, in der Hoffnung, der Friede in Europa werde dadurch in jedem Fall gesichert werden und die politische Union werde sich später auf Grund der Dynamik der wirtschaftlichen Verflechtung von selbst ergeben. Diese Überlegungen führten vor mehr als 50 Jahren zur Gründung der Europäischen Wirtschaftsgemeinschaft, die – das kann nicht genug unterstrichen werden – ihr Hauptversprechen, die europäischen Konflikte endgültig vom Schlachtfeld an die Konferenztische zu verbannen, bereits seit mehr als einem halben Jahrhundert lückenlos einhält.

Dem Charakter einer Wirtschaftsgemeinschaft entsprechend hatten Glaube, Christentum und Kirchen im EG-Vertrag zunächst keine Anknüpfungspunkte. Noch im Jahr 1997, als wir in Brüssel die Aufnahme einer Schutzklausel für die Kirchen und Religionsgemeinschaften in den Vertrag von Amsterdam verlangten, teilte man uns mit, für dieses Anliegen sei in der Union niemand zuständig. Erst nach hartnäckigen Anstrengungen ist es gelungen, eine Kirchenschutzklausel, die inhaltlich dem Artikel 51 Absatz 1 der Verfassung entspricht, als (rechtsunverbindliche) Erklärung Nummer 11 zum Vertrag von Amsterdam zu verankern. *Das war die erstmalige Erwähnung der Kirchen im Vertragswerk. Mit dem Erfolg dieser Aktion wurde eine Bresche in die Mauer gegen die Aufnahme außerwirtschaftlicher Bestimmungen in die Verträge geschlagen.*

Der EU-Verfassungsvertrag

Die Europäische Gemeinschaft wurde nach dem System geschaffen, man müsse zuerst den Hochbau errichten, die Statik käme dann von selbst, oder anders gesagt: die Wirtschaft werde sich die notwendigen Regeln für ihr Funktionieren erzwingen, alles übrige sei für die Gemeinschaft zunächst nicht von Belang. Das galt für die ersten sechs Mitglieder, später für zwölf, dann für 15 Mitgliedstaaten.

Spätestens anlässlich des Maastricht-Vertrages, als die Erweiterung auf 25 Mitgliedsstaaten erstmals anvisiert wurde, war man sich darüber klar, dass eine Gemeinschaft von 25 oder mehr Staaten, wenn sie nicht in ein »Kerneuropa« und in ein »Nachzüglereuropa« oder in ein »Europa der mehreren Geschwindigkeiten« zerfallen soll, einer Verfassung bedarf.

Nach dem Scheitern des letzten Versuches in Nizza (2003), die notwendige Vertragsrevision auf herkömmlichem Weg durch Verhandlungen zwischen den Regierungen zustande zu bringen, kam man auf die Idee des Konvents: Unabhängige Experten, Parlaments- und Regierungsvertreter sollten gemeinsam den Versuch unternehmen, die Neuregelung auf Expertenebene zu entwerfen und sie dann der Regierungskonferenz und den Mitgliedsländern als fertigen Entwurf vorzulegen. Man war der Meinung, dass ein solcher Vertrag später von den Regierungen und Mitgliedsländern mangels Alternative kaum mehr zurückzuweisen sein würde.

Da entgegen aller Skepsis der neuen Konventmethode schon bei der Erarbeitung der EU-Grundrechtecharta ein voller Erfolg beschieden war, wurde als zweiter Schritt ein »Europäischer Konvent« eingesetzt, der jenen Verfassungsvertragsentwurf zustande gebracht hat, den wir in unseren Überlegungen verkürzt »Die Verfassung« nennen. Der Vertrag selbst, der im Dezember 2003 mangels Einigung über die Stimmrechtsverteilung noch nicht verabschiedet werden konnte, wird nun im ersten Halbjahr 2004 unter der irischen und gegebenenfalls im zweiten Halbjahr unter der holländischen Präsidentschaft weiterbehandelt werden.

Käme der Verfassungsvertrag definitiv nicht zustande, so würde für die Union auch weiterhin der Vertrag von Nizza gelten, was erhebliche Schwierigkeiten und Risken mit sich brächte. Bei Abwägung der Wahrscheinlichkeiten können wir derzeit davon ausgehen, dass die Verfassung in den wesentlichen, uns interessierenden Bestimmungen etwa so bleiben wird, wie sie vom Konvent verabschiedet wurde, wenngleich die Frage eines Gottesbezuges in der Präambel nach wie vor nicht ausdiskutiert ist und auch gegen die »Kirchenklausel« gemäß Artikel 51 immer noch massive Widerstände bestehen.

Der Verfassungsinhalt

Die Kommission hat den Text des Verfassungsvertrages, der vom Europäischen Konvent im Konsensverfahren angenommen wurde, am 13. Juni und 10. Juli 2003 dem Präsidenten des Europäischen Rates in Rom überreicht.[1]

Das Thema Gottesbezug in der Präambel ist – in der Europäischen und in der Österreichischen Verfassungsdiskussion – so sehr in den Vordergrund gestellt worden, als würden Wert und Inhalt einer Verfassung aus christlicher Sicht ausschließlich danach zu beurteilen sein, ob der

1 Er ist in deutscher Sprache veröffentlicht worden (ISBN 92-78-40195-1). Der Text kann von der jeweiligen EU-Vertretung in Berlin oder Wien direkt oder über jede Buchhandlung kostenfrei bezogen werden.

Name Gottes in mehr oder weniger verschwommener Form im (rechtsunverbindlichen) Text einer Präambel zu lesen steht. Der Heilige Vater und die Kirche haben von vornherein und bis heute eine Erwähnung des Gottesnamens in der Präambel verlangt. Mit einer undeutlichen, »deistischen« Umschreibung, unter der man sich alles oder nichts vorstellen kann, ist uns freilich nicht gedient. Die explizite Erwähnung des *christlichen* Gottes, in Würdigung des Christentums als spiritueller und kultureller Hauptwurzel Europas, in einer Verfassungspräambel für 450 Millionen Menschen könnte eine Ausschlusswirkung für den nichtchristlichen Teil der Bevölkerung haben, der man sich bei der Redaktion der Präambel (ebenso wie schon früher bei der Redaktion der Präambel für die Grundrechtecharta) nicht aussetzen wollte. Auch eine »wahlweise« Nennung des Gottesnamens (die »polnische Formel«) mit einer »Alternativ-Klausel für Nichtgläubige« wurde bislang als inadäquater Kompromiss schließlich verworfen. Denn der Gottesbegriff ist unteilbar. Eine Verfassung, so wurde argumentiert, kann in diesem Punkt keine Alternativen anbieten.

Nach langen Debatten einigte man sich auf die Formulierung des Absatzes 2 der Präambel: *»Schöpfend aus den kulturellen, religiösen und humanistischen Überlieferungen Europas, deren Werte in seinem Erbe weiter lebendig sind und die zentrale Stellung des Menschen und die Unverletzlichkeit und Unveräußerlichkeit seiner Rechte …«.*
Neben dem Hinweis auf die nach wie vor lebendigen religiösen Überlieferungen Europas sind in diesem Text der gottebenbildliche Mensch und die Unverletzlichkeit und Unveräußerlichkeit seiner Rechte, sowie die zentrale Position des Menschen in der europäischen Gesellschaft ausdrücklich hervorgehoben. Damit wird der Signatur des christlichen Europas und der Anthropologie des Heiligen Vaters Rechnung getragen: Nicht nur die Gemeinschaft oder das Volk, sondern der Einzelmensch als Kind Gottes steht im Mittelpunkt der Präambel. Einem unserer zentra-

len Anliegen ist dadurch entsprochen worden. Dass im folgenden Absatz auch ausdrücklich auf das Wohl der Schwächsten und Ärmsten, auf sozialen Fortschritt, auf Frieden, Gerechtigkeit und Solidarität hingewiesen wird, sei der Vollständigkeit halber erwähnt.

Der Grundgedanke der Präambel wird bei der **Zielbestimmung** der Union (im rechtsverbindlichen Text!) fortgeführt. Gemäß Absatz 3 strebt die Union *»die nachhaltige Entwicklung Europas auf der Grundlage eines ausgewogenen Wirtschaftswachstums an, eine in hohem Maße wettbewerbsfähige soziale Marktwirtschaft, die auf Vollbeschäftigung und sozialen Fortschritt abzielt, sowie ein hohes Maß an Umweltschutz und Verbesserung der Umweltqualität«*. Alle diese Zielbestimmungen entsprechen zentralen Forderungen der »sozialen Marktwirtschaft« (als Produkt der christlichen Soziallehre!) und verleihen der Verfassung gegenüber den früheren EG- und EU-Verträgen eine neue Qualität. Die Grenze zwischen einer typischen Freihandelszone und einer neuen, nahezu alle Lebensbereiche umfassenden Gemeinschaft ist damit endgültig überschritten worden.

Man beachte: Eine Zielbestimmung ist ihrem rechtlichen Gewicht nach mehr als eine Präambel! Eine Gemeinschaft, die sich in Gesetzgebung oder Vollziehung von ihrer verfassungsrechtlichen Zielbestimmung entfernt, könnte vor den internationalen Gerichtshöfen nach Maßgabe der Zuständigkeit zur Verantwortung gezogen werden.

Mit Erlangung der **Rechtspersönlichkeit** ist ein weiterer wichtiger Schritt zur Verfestigung der Europäischen Union getan. Wir erinnern uns, wie seinerzeit die Frage, ob die Europäische Gemeinschaft der Europäischen Menschenrechtskonvention (EMRK) beitreten könnte, was wir uns alle sehr gewünscht hätten, vom Europäischen Gerichtshof mit der Begründung verneint wurde, die Gemeinschaft habe keine Rechtspersönlichkeit und das Mandat der einzelnen Mitgliedsstaaten gehe für einen solchen Beitritt nicht weit genug. Jetzt ist dieses Hindernis beseitigt, einem

Beitritt der Union zur EMRK steht nichts mehr im Wege, wie in Artikel 7 Absatz 2 der Verfassung ausdrücklich festgehalten ist.

Gemäß dem Subsidiaritätsgrundsatz war die **Sozialpolitik** bisher in allen Bereichen ausschließliche Zuständigkeit der Mitgliedstaaten. Die Kirche hat demgegenüber stets ins Treffen geführt, dass den Mitgliedsländern eine ausschließliche Sozialkompetenz wenig nützt, weil die finanziellen Mittel gemäß den Euro-Stabilitätskriterien beschränkt sind (kein Staat darf sich über das Maß der Kriterien hinaus verschulden, auch wenn er noch so dringend Geld für soziale Zwecke benötigt). Andererseits kann die Sozialkompetenz nicht ausschließlich an die Union übertragen werden, weil die Sozialsysteme der einzelnen Mitgliedsländer viel zu unterschiedlich sind und einige von ihnen, z. B. die nordischen Länder, sich einem solchen Kompetenzentzug mit Erbitterung zur Wehr gesetzt haben.

Die Union ist daher im Rahmen der Zuständigkeitsnorm gemäß Artikel 13 Absatz 2 der Verfassung hinsichtlich der Sozialpolitik einen Mittelweg gegangen, der zwar die grundsätzliche Zuständigkeit der Mitgliedstaaten unangetastet lässt, aber unter ausdrücklichem Hinweis auf die Europäische Sozialcharta vom Jahr 1961 eine *hilfsweise Zuständigkeit* der Union in all jenen Bereichen der Sozialpolitik begründet, die in den Artikeln 103 bis 115 der Verfassung genannt sind. Insbesondere handelt es sich dabei um die Unterstützung und Ergänzung der Tätigkeit der Mitgliedstaaten auf den Gebieten der Verbesserung insbesondere der Arbeitsumwelt zum Schutz der Gesundheit und der Sicherheit der Arbeitnehmer, Arbeitsbedingungen, soziale Sicherheit und sozialer Schutz insbesondere bei Beendigung des Arbeitsvertrags, Unterstützung der Wiedereingliederung Arbeitsloser, Chancengleichheit, Gleichbehandlung, Bekämpfung der sozialen Ausgrenzung und Modernisierung der Systeme des sozialen Schutzes.

Abgesehen von der (rechtsunverbindlichen) Erklärung Nr. 11 zum Vertrag von Amsterdam werden durch die neue Bestimmung erstmalig die **Kirchen und Religionsgemeinschaften** in der Verfassung der Europäischen Union verankert. Die Bestimmung ist ein Meilenstein im Verhältnis zwischen den Kirchen und der Union, sie wird, unter Beibehaltung der in der Bestimmung ausdrücklich anerkannten nationalen staatskirchenrechtlichen Regelungen, den Ansatzpunkt für ein Unionskirchenrecht nach dem in unserem Land wohlbekannten und wohlbewährten Grundsatz der »freien Kirche im freien Staat« bilden.

Der erste Absatz des Artikel 51 lautet: *»Die Union achtet den Status, den Kirchen und religiöse Vereinigungen oder Gemeinschaften in den Mitgliedstaaten nach deren Rechtsvorschriften genießen und beeinträchtigt ihn nicht.«* Diese Bestimmung ist die wörtliche Übernahme der seinerzeit schwer erkämpften Erklärung Nr. 11 zum Vertrag von Amsterdam. Sie bedeutet die Anerkennung der nationalen staatskirchenrechtlichen Regelungen in den Mitgliedstaaten und die Verpflichtung der Union, diese nicht zu beeinträchtigen. Dadurch entsteht ein quasi-primärrechtlicher Schutz der nationalen Staatskirchenrechtsordnungen der Mitgliedsländer auf der Ebene der Union. Für die Katholische Kirche ist diese Regelung überall dort von Vorteil, wo die jeweilige staatskirchenrechtliche Ordnung entsprechend kirchenfreundlich gestaltet ist. Österreich besitzt, gemäß einer von dem führenden europäischen Staatskirchenrechtslehrer Professor Robbers in Trier veröffentlichten Untersuchung, das bestgeregelte Staatskirchenrechtssystem aller EU-Mitgliedsländer. Der Gefahr einer Nivellierung nach unten ist nun durch die Schutzklausel des Artikels 51 Absatz 1 verfassungswirksam vorgebeugt.

Eine Kernbestimmung der Verfassung ist die »Dialogklausel« gemäß Artikel 51 Absatz 3: *»Die Union pflegt in Anerkennung der Identität und des besonderen Beitrags dieser Kirchen und Gemeinschaften einen offenen, transparenten und regelmäßigen Dialog mit ihnen.«* Hierzu im einzelnen:

Von Bedeutung ist dabei zunächst die »Anerkennung der Identität« der Kirchen außerhalb des Rahmens der in

Artikel 46 geregelten »Repräsentativen Verbände« der Zivilgesellschaft (NGO's). Zahlreiche Bemühungen sind in früherer Zeit entfaltet worden, die Kirchen, insbesondere die katholische Kirche, in die Gruppe der NGO's aufzunehmen und das Verhältnis zwischen Kirchen und Union analog zu dem der NGO's zu regeln. Die katholische Kirche hat diese Bemühungen stets unter Hinweis darauf abgelehnt, dass sie als »mystischer Leib Christi« zwar an der Zivilgesellschaft teilnimmt, aber nicht Teil der Zivilgesellschaft ist, d. h. niemals in ihr aufgehen kann, sondern über sie hinausreicht. Diesem für das Selbstverständnis der Kirche entscheidenden Unterschied zu den NGO's ist nunmehr durch die ausdrückliche gesonderte Anerkennung der Identität der Kirchen und Religionsgemeinschaften im Verfassungstext Rechnung getragen.

Ebenso wichtig ist die Anerkennung des »besonderen Beitrags« der Kirchen und Religionsgemeinschaften: Nicht jede Sekte oder jede neugegründete »Minireligion« kann das in Artikel 51 Absatz 3 geregelte Dialogrecht gegenüber der Union in Anspruch nehmen, weil es nur in Anerkennung des »besonderen Beitrags dieser Kirchen und Gemeinschaften« gewährt wird. Dieser Beitrag steht bei der Katholischen Kirche außer Frage. Damit ist in die Dialogklausel ein wichtiger Filter eingebaut, falls Kleinstreligionen oder Splittergemeinschaften unter Hinweis auf das allgemeine Diskriminierungsverbot den Versuch unternehmen sollten, ein ebensolches Dialogrecht für sich in Anspruch zu nehmen, wie es den anerkannten Kirchen zustehen wird.

Der Dialog muss »offen, transparent und regelmäßig« sein und wird sicherstellen, dass die katholische Kirche in der Lage sein wird, zeitgerecht ihre Stellungnahme abzugeben, wenn die Union Gesetzesvorhaben plant, die kirchlich bedeutsame Bereiche erfassen (Datenschutz, Steuerrecht, insbesondere Gemeinnützigkeit, Dienstrecht, Tendenzschutz etc.). Die katholische Kirche will in Brüssel weder mitregieren noch auf ungeregeltes Lobbying angewiesen sein. Als freier und gleichberechtigter Dialogpartner werden wir in Zukunft im Rahmen der Unionsverfassung unsere Beiträge leisten und an einer gedeihlichen Entwicklung der Union im Sinne unseres Menschenbildes und unserer Sozial- und Gesellschaftslehre mitwirken können.

Der hohe Stellenwert, den die Verfassung – dem Programm der Präambel entsprechend – den Grund- und Menschenrechten einräumt, ergibt sich auch aus dem gesamten Teil II der Verfassung, der die **Charta der Grundrechte der Union** im vollen Wortlaut übernimmt, einschließlich der sozialen Grundrechte, die unter dem Titel IV »Solidarität« Bestandteile der Verfassung geworden sind.

Vielfach hat man gegen die Übernahme der Sozialrechte in die Verfassung ins Treffen geführt, sie seien zu unbestimmt, man könne sie nicht einklagen etc. Diese Argumente greifen zu kurz. Was in einer Verfassung steht, hat wegweisende »rechtsmotorische« Bedeutung. Weder die Gesetzgebung noch die Vollziehung der Union werden in Zukunft an diesen Sozialrechten vorbeigehen können.

Eines unserer wesentlichsten Anliegen ist durch die Aufnahme der Grundrechtecharta, deren Zustandekommen und Rechtsverbindlichkeit lange Zeit umstritten war, in die Verfassung erfüllt worden.

Die Grundrechtecharta ist nicht deckungsgleich mit der EMRK. Manche Formulierungen sind anders, in einigen Bereichen geht die Grundrechtecharta über die EMRK hinaus. Damit aber keinesfalls auf Grund von unterschiedlichen Regelungen in der Grundrechtecharta und in der EMRK jemand in seinen Rechten zu Schaden kommen kann, wurde der Charta die Auslegungsregel des Artikels 52 Absatz 3 hinzugefügt, wonach im Verhältnis zwischen Grundrechtecharta und EMRK bei Verschiedenheit der Normen jeweils der stärkere Schutz zu *gelten hat.* Bei Verankerung der Grund- und Menschenrechte ist damit die Verfassung weit über das Maß hinausgegangen, das bei Beginn der Beratungen des Verfassungskonvents zu erwarten stand; der Erfolg jahrelanger Bemühungen um das Zustandekommen der Grundrechtecharta ist damit endgültig gesichert worden.

Ausblick und Auftrag

Die Basis für eine fruchtbare und erfolgreiche Mitarbeit am Bauplatz Europa ist der Christenheit, im speziellen der katholischen Kirche durch die neue EU-Verfassung eingeräumt worden. Das impliziert die Verpflichtung zum Tätigwerden und die Verantwortung für die Qualität unserer Beiträge. Machtstreben darf uns ebenso wenig mit Grund vorwerfbar sein wie Untätigkeit oder wir würden lediglich Kritik aus dem »Wolkenkuckucksheim« üben.

Das Vertrauen in die Problemlösungskapazität der Kirche im wirtschaftlichen und gesellschaftlichen Bereich, das lange Zeit verschüttet war, konnte im Gleichklang mit dem Verblassen der neoliberalen Euphorie der letzten Jahrzehnte wiedergewonnen werden. Viele Menschen haben sich an das Wort Jesu erinnert, dass »der Mensch nicht nur von Brot lebt, sondern von jedem Wort, das aus Gottes Mund kommt« (vgl. Mt 4,4). Mit Seiner Hilfe wird es uns gelingen, wirksame Beiträge zur Lösung der vielen Probleme zu leisten, denen sich das unserer Obsorge anvertraute Europa heute gegenübersieht. Sollten solche Beiträge unterbleiben und Europa einen Weg nehmen, der mit unseren Glaubensüberzeugungen nicht vereinbar ist, dann können wir uns nicht darauf ausreden, »es habe uns keiner zugehört«. Denn Gott würde uns antworten: »Ich habe euch alle Möglichkeiten eingeräumt, aber ihr habt sie nicht genützt!«

Mögen alle bedenken, dass in unsere Hände die Gestaltung des neuen Europa gelegt ist, und dass wir mit Gottes Hilfe und unter dem Schutz der Allerseligsten Jungfrau gemeinsam Berge versetzen können, wenn wir nur wollen!

Europa – von Brüssel gesehen

Die Europäische Union durch die Brille eines kirchlichen Europa-Lobbyisten

Michael Kuhn

Wenn wir in der Kirche über Europa und die Europäische Union sprechen, dann geschieht das immer vor dem Hintergrund eines größeren historischen oder politischen Entwurfs und – meist aus der (räumlichen) Distanz. Dieses Sprechen ist sinnvoll, bereichernd und notwendig. Es soll hier um die Sichtweise desjenigen ergänzt werden, der berufsbedingt „mit der Nase an die Sache stößt". Auch das mag wiederum nur eine Sicht der Dinge sein, aber – angesichts der um sich greifenden Euroskepsis und des wachsenden Desinteresses an Europa (womit explizit nicht die Kirchen gemeint sind) ist vielleicht auch diese Perspektive notwendig.

Europa ist derzeit nicht „sexy". Der europäische Normalbürger – wie er genau klassifiziert werden könnte, dazu gibt es (derzeit noch) keine europäische Verordnung – verbindet mit Europa einen aufgeblähten Verwaltungsapparat, detailverliebte, machtbesessene und zentralistische Bürokraten, sowie die eigenen Taschen füllende Parlamentarier. Wer darf es diesem Bürger übel nehmen – leider bekommt er in den meisten Mitgliedsstaaten der Europäischen Union auch nicht viel anderes über Europa zu hören.

Die beiden Hauptschuldigen an diesem Zustand sind schnell entdeckt: die nationalen Regierungen in den Mitgliedsstaaten, in deren Händen die europäische Beschlussfassung liegt, die sich aber, einmal mit dem Wähler konfrontiert, daran nicht mehr erinnern wollen, was sie gemeinsam beschlossen haben, sondern alles Unangenehme auf Brüssel schieben – „Brüssel hat das von uns verlangt". Sobald es aber einmal etwas Positives über Europa zu melden gibt, waren es natürlich die nationalen Politiker, die in Brüssel dafür „wie die Löwen gekämpft haben". Man könnte für weniger zum Zyniker werden.

Der zweite *usual suspect* sind (zurecht) die Medien (in manchen Mitgliedsstaaten mehr, in anderen mit qualitätsvolleren Medien weniger), denen Politik im Allgemeinen zu komplex und zu schwierig ist, europäische Politik im Besonderen. Wozu erklären, wenn es ohnedies niemanden interessiert. „Wenn etwas wichtig ist, dann lässt es sich auch einem Uninformierten in zwei Minuten erklären, wenn nicht, dann war es eben nicht wichtig." Diese Maxime funktioniert aber nur, wenn man das so beliebte, weil einfache schwarz-weiß Schema der medialen Berichterstattung befolgt. Informationspflicht scheint es nur zu geben, wenn es auch für die Medien profitabel ist, das heißt, skandalträchtig, weil dadurch auflagensteigernd. So lässt sich die Wahrnehmung Europas durch die öffentliche – oder korrekter veröffentlichte? – Meinung leicht erklären: ein Spesenskandal – sei er wirklich, aufgeblasen oder auch nur herbeigeredet – ist letzten Endes immer nachhaltiger wirksam als etwa die erzielte Einigung auf eine europaweite gemeinsame Asylpolitik.

Auch wenn es Europaskeptiker oder -zyniker nicht mehr hören können. Die Europäische Integration durch die Europäische Union ist und bleibt von ihrem Ansatz her ein Friedensprojekt. Als solches hat sie bereits ihren Wert bewiesen: Es ist fraglich, ob ohne diesen Integrationsprozess die Hegemonialpolitik, jahrhundertlang verantwortlich für die vielen Kriege zwischen den europäischen Staaten, an ihr Ende gekommen wäre. Sicher, auch heute ist noch immer etwas von den alten Spannungen zwischen den verschiedenen Großmächten spürbar – auch auf dem Brüsseler Parkett –, nur die Mittel zum Abbau dieser Spannungen sind heute entschieden friedlicher: Kriegerische Auseinandersetzungen werden durch Sitzungsmarathons der Staats- und Regierungschefs ersetzt.

Viele Europapolitiker sind, allen Anfeindungen in der öffentlichen Meinung zum Trotz, noch immer Idealisten geblieben, schlicht und einfach deshalb, weil sie von der Sinnhaftigkeit dieses europäischen Projektes überzeugt sind – und: weil sie auch bereit sind, dafür (oft hart, auch wenn manche das nicht glauben wollen) zu arbeiten. Weil sie dabei weniger als ihre Kollegen in den nationalen Parlamenten auf die Wahlperiode von vier Jahren schielen. Unbekannt zu sein in der breiten Öffentlichkeit kann manchmal Vorteile für eine gediegenere parlamentarische Arbeit haben.

Dieses Integrationsprojekt der Europäischen Union ist noch immer nicht zu Ende. Einerseits gibt es noch Länder, die zu diesem Europa der Europäischen Union dazugehören wollen. Zum anderen, weil wir noch immer nicht genau wissen, wie viel Integration letzten Endes für Europa möglich – und auch wünschenswert ist. Der europäische Integrationsprozess ist ein Experiment am lebenden Objekt und ohne Präzedenzfall – wie etwa die Einführung des Euro gezeigt hat. Dieser schrittweise Ausbau Europas ist mit dem Projekt selbst entstanden. Neben der Vision – dem Friedensprojekt – stand die Methode: der Ausbau der Europäischen Union in kleinen Schritten, die immer einen folgenden nach sich ziehen. Auch diese Methode hat bereits ihre Verdienste: Eine Gemeinsame Wirtschaft verlangt eine Gemeinsame Wirtschaftspolitik, die eigentlich erst durch eine Gemeinsame Finanzpolitik sinnvoll betrieben werden kann; sowie durch eine Gemeinsame Außenhandelspolitik, zu der eigentlich auch eine Gemeinsame Außenpolitik gehört In Brüssel wird das die „Methode Monnet" genannt.

Die österreichischen Bischöfe haben daher Recht, wenn sie immer wieder das Wort vom „Bauplatz Europa" verwenden. Gleichermaßen Recht haben sie mit der Aufforderung an alle Christen, sich an der Arbeit auf diesem Bauplatz Europa kompetent und mit Einsatz ihrer unterschiedlichen Talente zu beteiligen. Besserwissende Zaungäste an der Seitenlinie gibt es bereits genug, fachkundige und beherzte Bauleute leider noch immer zu wenige.

Mancher mag nun einwenden, dass die Integration Europas ein politischer Prozess sei, zu dem die Kirche nicht viel beizutragen habe, ja aus dem sie sich eigentlich grundsätzlich heraushalten solle. Ihre Aufgabe sei, am Kommen des Reiches Gottes zu arbeiten, und das sei doch etwas anderes als die Europäische Union. Sicher, die Arbeit für Europa ist eine politische Arbeit, aber eben eine gesellschaftspolitische. Und es sollte den Christen nicht egal sein, auf welchen Fundamenten dieses Europa und seine Gesellschaft aufgebaut wird: ob es ein Europa ist, in dem die Würde des Menschen den zentralen, ihr zukommenden Platz einnimmt, ob in diesem Europa das menschliche Leben umfassend geschützt ist, ob individuelle Freiheit und Gemeinwohl in einem ausgewogenen Verhältnis zueinander stehen, ob die Rechte der Schwächsten der Gesellschaft auch gesichert sind, ob es eine menschengerechte Sozialpolitik, Flüchtlingspolitik, Entwicklungspolitik gibt, ob Wirtschaft als „dienend" oder als Selbstzweck verstanden wirdWenn die Beschäftigung der Kirche mit all diesen Fragen „Gesellschaftspolitik" genannt werden darf und auf nationaler Ebene willkommen und akzeptiert ist, warum soll sie dann für die Europäische Union nicht ebenfalls notwendig und erlaubt sein?

Das Engagement der Kirche auf der Ebene der Europäischen Union wird oft gleichgesetzt mit der Verteidigung kirchlicher Interessen. An erster Stelle wird heute die Diskussion um den „Gottesbezug" in einem europäischen Verfassungsvertrag genannt. Da geht es doch nur um die Verteidigung kirchlicher Machtansprüche und Eigeninteressen? Abgesehen von den Argumenten, die für die Erwähnung des christlichen Erbes oder eines Gottesbezuges in einer europäischen Verfassung sprechen – das kirchliche Engagement in der Europäischen Union ist wesentlich vielfältiger und viel weniger machterhaltungsbestimmt als es uns (wiederum) die veröffentlichte Meinung glauben machen möchte. Bei der Diskussion um die europäische Verfassung hat sich die Kirche wesentlich zu einer ganzen Reihe von Themen geäußert, die nicht mit der expliziten Erwähnung des christlichen Erbes in der Verfassung zu tun haben, die aber implizit eben dieses Erbe bezeugen: eine menschendienliche Wirtschaftspolitik, eine ehrliche Sozialpolitik, Achtung von Menschenrechten und Menschenwürde, wie sie etwa in der Asyl- oder der Entwicklungspolitik ihren Ausdruck findet. Die in der Verfassung erwähnten „Werte der Europäischen Union" finden sich auch in der Katholischen Soziallehre wieder.

Politik, die dem Projekt Europa wirklich dienen will, wird weder die Emotionen bedienen noch die Sensationsgier befriedigen. Sie wird eher konsequent und beharrlich an einer Bewusstseinsänderung arbeiten müssen, an der Information der Menschen in Europa darüber, was mit diesem Projekt der Europäischen Integration beabsichtigt ist und was getan werden muss, um dieses Projekt ein menschendienliches werden zu lassen. Die Kirche leistet diese gesellschaftspolitische Arbeit bereits: Indem sie in Brüssel vor Ort ist und die kirchliche Vision dieses Europa in den politischen Prozess einbringt; indem sie in der kirchlichen Bildungsarbeit Europa und das, was Christen dazu beitragen können, immer wieder thematisiert; indem sie Veranstaltungen plant und durchführt, die die verbindende Dimension dieses Europa erfahrbar machen – die Aktionen zum 1. Mai 2004 oder die „Wallfahrt der Völker" nach Mariazell seien als die wichtigsten Beispiele der jüngsten Zeit genannt.

Dass das nicht ausgewachsener Hobbyismus einiger weniger in der Kirche ist, verdeutlicht die Lektüre des Ende Juni 2003 erschienenen nachsynodalen Schreibens *Ecclesia in Europa*. Die Arbeit der Christen an diesem Europa ist als gesellschaftspolitische Arbeit auch pastorale Arbeit – die Arbeit am Aufbau der Europäischen Union als einem Gebilde, in dem alle Menschen menschenwürdig – im Sinne Gottes – leben können und Zukunft haben. Daran und dafür zu arbeiten – das sollte die Aufgabe aller Christen sein.

Europa und ich: Ohnmacht und/oder Mitgestaltung?

Wolfgang Palaver

Auf den ersten Blick erscheint das einzelne Individuum dem großen politischen Gebilde Europa gegenüber als hilflos und ohnmächtig. Doch dieser oberflächliche Eindruck muss korrigiert und ergänzt werden. Gegen den vorherrschenden Trend, die individuelle Existenz und die politischen Strukturen völlig voneinander loszulösen, möchte der folgende Beitrag zeigen, dass bei aller Unterschiedenheit der beiden Ebenen auch ein wichtiger Zusammenhang – eine Verbindung von Mystik und Politik – festgehalten werden muss. Mein Beitrag zielt auf die spirituellen Grundlagen, die ein christliches Engagement für die politische Gestaltung Europas voraussetzt.

Die Antwort auf das gestellte Thema erfolgt in drei Schritten. Erstens wird die gegenwärtig vordringlichste politische Aufgabe Europas erörtert, bei der es um den Aufbau einer positiven Identität geht, die nicht auf Kosten äußerer gemeinsamer Feinde gewonnen wird. Zweitens stellt sich die Frage nach den tieferen Wurzeln politischer Feindschaften, um dadurch zeigen zu können, dass schon unser Verhalten im ganz gewöhnlichen Lebensalltag über die großen politischen Entwicklungen mitentscheidet. Drittens wird mit dem spezifischen Beitrag auseinandergesetzt, den die christlichen Kirchen zu einer positiven europäischen Identität beitragen können.

Das politische Zukunftsprojekt Europas: Europäische Identität ohne äußere Feinde

Am Beginn der Überlegungen soll eine der zentralen politischen Aufgaben stehen, die Europa heute und in Zukunft zu bewältigen hat. Es geht um die Entwicklung eines politischen Modells, das ein friedliches Zusammenleben von Regionen, Staaten, Kulturen und Religionen in Europa möglich macht, ohne dazu auf äußere Feinde angewiesen zu sein. Diese Aufgabe bedeutet einerseits eine Weiterentwicklung jenes einzigartigen Friedensprojektes in Europa, das 1951 mit der Gründung der Europäischen Gemeinschaft für Kohle und Stahl als Antwort auf die Katastrophe des Zweiten Weltkriegs begonnen wurde und über verschiedene Zwischenstufen vorläufig zu jener gegenwärtigen Europäischen Union geführt hat, die seit Mai 2004 25 Staaten umfasst. Der politischen Einigung Europas kommt andererseits aber auch eine weltweite Bedeutung zu, weil es angesichts einer immer enger zusammenwachsenden Welt neue Formen des politischen Zusammenlebens braucht, die Solidarität und Einheit nicht mehr durch die Abgrenzung von einem gemeinsamen Feind herzustellen versuchen. Wer die politischen Probleme der Globalisierung wirklich zur Kenntnis nimmt – der globale Terrorismus und die dagegen geführten Kriege sind an erster Stelle zu nennen –, wird erkennen, dass wir heute vor der Aufgabe stehen, Formen des politischen Zusammenlebens zu entwickeln, die über alle bisherigen Modelle hinausgehen müssen.

Ein unverstellter Blick auf die europäische Geschichte zeigt, dass die Überwindung von politischen Freund-Feind-Mustern im Zentrum unserer zukünftigen Anstrengungen liegen muss. Obwohl das Moment der Feindschaft nicht zwingend zur Politik gehört, lässt sich in der politischen Geschichte Europas unschwer immer wieder die prägende Kraft verschiedenster Freund-Feind-Muster entdecken. Schon in der griechischen Antike finden sich klare Ausformulierungen des politischen Feinddenkens. In Aischylos' Tragödie *Die Eumeniden* aus dem 5. Jahrhundert vor Christus wird gezeigt, wie die Überwindung des Bürgerkriegs in der Stadt Athen erst durch die kollektive Feindschaft nach außen möglich wurde. Die entscheidenden Verse betonen zwar das positive Ziel der Politik – gemeinsame Freude und einmütige Liebe –, aber der gemeinsame Hass als Möglichkeitsbedingung dafür wird nicht verschwiegen: »Freuden mög wechselnd man tauschen, / Einmütig liebenden Herzens, / Und auch hassen eines Sinns!« (Aischylos, V. 984–986; vgl. Palaver, Quellen 36f.) Der Krieg gegen die äußeren Feinde der Polis soll den inneren Frieden herstellen.

Natürlich gehören diese kulturgeschichtlich wichtigen Verse nicht zur Geschichte Europas im engeren Sinn, aber sie sind ein früher Beleg für ein politisches Muster, das auch tiefe Spuren in Europa selbst hinterlassen hat. Im 8. Jahrhundert unserer Zeitrechnung findet sich ein erster Beleg für die politische Verwendung des Begriffs Europa, der gleichzeitig auch deutlich vom Freund-Feind-Denken geprägt ist. Anlässlich des Sieges von Karl Martell über die muslimischen Araber in der Schlacht von Poitiers im Jahre 732 wird von den siegreichen Europäern – *Europenses* – gesprochen, die sich gegen den gemeinsamen Feind verbündet hatten (vgl. de Rougemont 46f.).[1] Neben den muslimischen Arabern diente später auch das östliche Byzanz als Feind zur Selbstidentifikation eines auf den Westen beschränkten Europas (vgl. Harle 67f.).

Auch im Mittelalter war das politische Europabewusstsein eng mit dem Kampf gegen gemeinsame Feinde verbunden. Äußere Feinde – vorrangig der Islam – trugen wesentlich zur Entstehung einer europäischen Identität bei. Vor allem die Kreuzzüge dienten der Einheit der westlichen Christenheit, indem sie den Kampf gegen islamische Araber, Juden und das östliche Byzanz antrieben. Ebenso förderte das Vordringen der Mongolen im Osten Europas diese innere Einheit. Auf dem Ersten Konzil von Lyon im Jahre 1245 nannte Papst Innozenz IV. die drei äußeren

1 De Rougemont 46: »Zum ersten Mal wird hier mit dem Wort Europäer eine kontinentale Gemeinschaft bezeichnet, die alle Völker nördlich der Pyrenäen und der Alpen umfaßt und die sich gegen einen gemeinsamen Feind verteidigt.«

Feinde, die im Mittelalter für die Entstehung des christlichen Europas bestimmend waren: »insolentia Saracenorum, schisma Graecorum und sevitia Tartarorum« – die überheblichen Sarazenen/Araber, die schismatischen Griechen/Byzanz und die schrecklichen Tataren/Mongolen (zit. nach Geremek 92). Am Ende des Mittelalters tauchte mit den Türken ein neuer äußerer Feind auf, der wiederum den inneren Zusammenhalt in Europa stärkte. Zu Recht fasst der Essayist Denis de Rougemont diese Periode der europäischen Geschichte im Kapitel »Der Türke als Sündenbock« zusammen (de Rougemont 80–82).

Der Zusammenbruch der mittelalterlichen Einheit der europäischen Christenheit förderte hingegen das Entstehen politischer Freund-Feind-Muster im Inneren Europas. Der neuzeitliche Nationalstaat prägte und prägt bis heute die politische Ordnung auf unserem Kontinent. Seine konstitutive Feindschaft nach außen konnte zwar die mit der Entstehung des Kapitalismus einhergehende zunehmende innerstaatliche Konkurrenz einhegen, indem er deren negative Folgen – den Neid, der so leicht mit dem Wetteifer einhergehen kann – nach außen ableitete, gleichzeitig bedrohte der Nationalstaat aber in Folge der technischen Entwicklung immer mehr den Weltfrieden, weil die aus den nationalen Feindschaften hervorgehenden Kriege sich nicht mehr begrenzen ließen. Zwei Weltkriege haben uns im vergangenen Jahrhundert gezeigt, dass der traditionelle Nationalstaat mit seiner konstitutiven Verfeindung nach außen in der modernen Welt seine moralische Berechtigung verloren hat. Das europäische Einheitsprojekt verdankt sich ausdrücklich dieser Einsicht. Ein politisch geeintes Europa soll zukünftige Kriege für immer verhindern.

Doch auch die Geschichte der Europäischen Union bleibt von Freund-Feind-Mustern begleitet. Der nach dem Zweiten Weltkrieg ausbrechende Kalte Krieg spaltete die Welt in Ost und West und trug damit indirekt auch zur Einigung Westeuropas bei. Die Erbfeinde Deutschland und Frankreich konnten sich angesichts eines gemeinsamen

Feindes im Osten – die Sowjetunion mit ihren Satellitenstaaten – leichter einigen.

Das Ende des Kalten Krieges hat Europa vor die Aufgabe gestellt, den Einigungsprozess voranzutreiben, ohne weiter auf gemeinsame Feinde angewiesen zu sein. Gerade deshalb ist die gegenwärtige Erweiterung der EU – die Europäisierung des europäischen Kontinents – so wichtig. Der Eiserne Vorhang darf nicht die Grenze der EU bleiben. Die heutige Lage Europas zeigt aber, wie schwierig es ist, ohne äußere Feinde innere Einheit herzustellen. Einerseits sehen wir, wie immer wieder Streit und Spaltungen die Einheit innerhalb der EU gefährden. Die im Jahre 2000 von 14 Mitgliedsstaaten der EU gegen Österreich verhängten Sanktionen waren beispielsweise eine Folge dieser Krisensituation (vgl. Schneider). Und noch bevor die Erweiterung über den alten Eisernen Vorhang hinaus vollzogen ist, droht schon wieder die Abspaltung eines Kerneuropas. Andererseits können wir seit dem Ende des Kalten Krieges beobachten, wie da und dort neue Feindbilder konstruiert werden, um die innere Einheit Europas zu fördern (Vgl. Ash; Niethammer 530f.). Eine erste, stärker von der politischen Linken vorangetriebene Tendenz versuchte in der Abgrenzung von den USA Europas Identität zu festigen.

Die Terroranschläge vom 11. September 2002 stoppten für kurze Zeit diese Entwicklung. Angesichts Tausender getöteter Menschen schien die westliche Welt wieder ein geschlossenes Bündnis zu sein. Doch bald verstärkten sich antiamerikanische Strömungen wieder, die von Politikern wie z. B. Gerhard Schröder geschickt für ihre eigenen innenpolitischen Interessen genutzt wurden. Zu Recht hat vor kurzem der niederländische Schriftsteller Leon de Winter vor dem sich breit machenden Antiamerikanismus gewarnt, indem er auf den untergründigen Antisemitismus hinwies, der teilweise damit einhergeht. Er spricht von einem »alten Gift«, das sich im neuen Europa wieder auszubreiten scheint. Mit den Ereignissen des 11. Septembers stieg aber auch die Gefahr, jene alte Feindschaft neu zu beleben, die an der Wiege des politischen Europas stand. Deutliche antiislamische Stellungnahmen des italienischen Ministerpräsidenten Berlusconi oder des russischen Präsidenten Putin lassen erkennen, dass heute auch wieder die Gefahr besteht, Europas Identität in Abgrenzung zum Islam zu bestimmen. Selbst unser eigenes kleines Land Österreich hat große Mühe, sich von traditionellen politischen Freund-Feind-Mustern zu lösen. Das verkrampfte Festhalten an der Neutralität, die als unverzichtbarer Pfeiler der österreichischen Identität angesehen wird, übersieht, dass jede Neutralität klare Freund-Feind-Muster braucht, um ihrer Bestimmung gerecht werden zu können.

In einem wichtigen Essay hat der englische Zeithistoriker Timothy Garton Ash vor zwei Jahren darauf aufmerksam gemacht, dass Europa nur dann den Gefahren des Feinddenkens entkommen kann, wenn es gelingt, eine positive Identität Europas aufzubauen, die sich nicht gegen einen Anderen abgrenzen muss.[2] Auch ich halte diese Aufgabe für zentral und frage mich, welchen Beitrag wir Christen und unsere Kirchen dazu leisten können und müssen.

Von der persönlichen Wurzel politischer Feindschaften: Die großen europäischen Romanschriftsteller entlarven die scheinbare Eigenständigkeit politischer Strukturen

Angesichts dieser erdrückenden Vorherrschaft von Freund-Feind-Mustern in der Welt der großen Politik stellt sich radikal die Frage, ob das nicht die Kräfte eines jeden einzelnen Menschen weit übersteigt und wir daher ohnmächtige Zuschauer der politischen Entwicklungen bleiben müssen. Sozialwissenschaften und politische Philosophie haben gerade in der modernen Welt solchen Ohnmachtsgefühlen

2 Ash 68: »The task for those who believe, as I do, in a project called ›Europe‹ is to build a strong, positive European identity, one that binds people emotionally to a set of institutions, without the help of a clear and present Other.«

oft Vorschub geleistet. Die modernen politischen Ideologien Kapitalismus und Kommunismus wurzeln beide im utopischen Traum, allein durch Strukturveränderungen Gerechtigkeit und Wohlstand herstellen zu können (vgl. Grote/McGeeney 141–143). Doch dieser Traum ist eine Illusion, der übersieht, dass Struktur- und Selbstveränderung – bzw. Strukturenethik und Individualmoral – einander ergänzen und unterstützen müssen. Die politische Theorie Carl Schmitts mit ihrer Betonung des Freund-Feind-Verhältnisses und das neoliberale Wirtschaftsdenken von Friedrich August von Hayek, das sich ausdrücklich gegen das Freund-Feind-Denken richtet, dienen im Folgenden als negative Beispiele für die vorherrschende Bevorzugung der Makroebene.

Der deutsche Staatsrechtsgelehrte Carl Schmitt ist für seine erstmals im Jahre 1927 ausformulierte These berühmt geworden, dass das Politische gerade in der Freund-Feind-Unterscheidung bestehen würde: »Die spezifisch politische Unterscheidung, auf welche sich die politischen Handlungen und Motive zurückführen lassen, ist die Unterscheidung von *Freund* und *Feind*.« (Schmitt 26) Ausdrücklich meinte Schmitt damit das außenpolitische Verhältnis zwischen Staaten oder politischen Großräumen, indem er das private Verhältnis zwischen Menschen von dieser These ausnahm. Mit dieser radikalen Trennung von privatem Verhalten der Individuen einerseits und den politischen Verhältnissen andererseits glaubte er auch die biblische Aufforderung zur Feindesliebe entschärfen zu können. Nach Schmitt ist in der Bergpredigt »vom politischen Feind nicht die Rede« (Schmitt 29).

Zur Unterstützung dieser These verweist er auf die Geschichte jener schon oben erwähnten europäischen Christenheit, die sich gerade immer wieder durch ihre Feindschaften nach außen konstituierte: »In dem tausendjährigen Kampf zwischen Christentum und Islam ist niemals ein Christ auf den Gedanken gekommen, man müsse aus Liebe zu den Sarazenen oder den Türken Europa, statt es zu verteidigen, dem Islam ausliefern. Den Feind im politischen Sinne braucht man nicht persönlich zu hassen und erst in der Sphäre des Privaten hat es einen Sinn, seinen ›Feind‹, d. h. seinen Gegner, zu lieben.« (Schmitt 29)

Weil Schmitt nach der Machtergreifung Hitlers für einige Jahre den Nationalsozialismus unterstützte, glauben viele, seine These ließe sich einfach ignorieren. Die heutige Weltlage konfrontiert uns aber wieder mit seinen Überlegungen. So begegnet uns in Samuel P. Huntingtons These vom Kampf der Kulturen eine Freund-Feind-Logik, die deutliche Parallelen zu Schmitt aufweist, und die oft wiederholte These, dass mit der Bergpredigt keine Politik zu machen sei, versucht ähnlich wie Schmitt die biblische Aufforderung zur Feindesliebe durch ihre Privatisierung politisch zu entschärfen.

Auch auf das vorherrschende neoliberale Wirtschaftsdenken müssen wir hier einen kritischen Seitenblick werfen, denn dieses ist gerade mit dem moralischen Anspruch in die Welt getreten, durch eine möglichst freie Entfaltung des Wettbewerbs alle alten Formen von Freund-Feind-Politik für immer aus der Welt verbannen zu können. Der freie Handelsgeist werde Kriege zum Verschwinden bringen. Dabei stimmen aber interessanterweise die traditionellen Vertreter der Freund-Feind-Politik mit den Befürwortern des ungehemmten Wettbewerbs darin überein, dass die Grundsätze der Individualmoral und die ethischen Regeln für die großen Strukturen klar auseinander zu halten sind.

Der neoliberale Wirtschaftsnobelpreisträger Hayek glaubt, dass mittels der Unterscheidung zwischen Regeln, die bloß für Kleingruppen gültig sind und jenen für Großgruppen Freund-Feind-Verhältnisse überwunden werden können: »Eine friedliche Offene Gesellschaft ist nur möglich, wenn sie auf die Methode, Solidarität zu erzeugen, verzichtet, die in der kleinen Gruppe am wirksamsten ist, nämlich nach dem Prinzip zu handeln, ›wenn Leute in Harmonie sein sollen, dann lasse man sie nach einem gemeinsamen Ziel streben‹. Dies ist eine Vorstellung davon, wie man Kohärenz schaffen kann, die geradewegs zur Interpretation aller Politik als einer Sache von Freund-Feind-Beziehungen führt.« (Hayek 200f,) Ähnlich wie Schmitt unterscheidet auch Hayek zwischen einer Kleingruppenmoral und den Regeln für die großen Strukturen. Das neoliberale Wirtschaftsdenken geht in seiner Trennung von Individualmoral und Strukturenethik sogar über die Position Schmitts hinaus, insofern es alle positive Hoffnung auf eine wundersame Wohltätigkeit individueller Sünden setzt. Die privaten Laster der einzelnen – Habgier, Geiz und Neid – sollen zum Wohlstand aller führen.

Doch hat sich dieser Wunschtraum erfüllt? In unserem Zeitalter der Globalisierung erkennen wir zwar, wie die weltweite ökonomische Konkurrenz alte politische Grenzen obsolet werden lässt und traditionelle Freund-Feind-Muster sich aufzulösen beginnen. Aber ist damit tatsächlich das Problem der politischen Feindschaft gelöst? An die Stelle der nationalstaatlichen Feindschaften, die auch eine gewisse Hegung der ökonomischen Konkurrenz bewirkten, ist eine weltweite Konkurrenz getreten, die den globalen Terrorismus hervorbringt. Versuche, den Terrorismus auf einen Kampf der Kulturen zurückzuführen, verschleiern seinen tatsächlichen Ursprung in jenem Neid, den die globale Konkurrenz mit sich bringt (vgl. Girard, Gewalt 441–443; Palaver, Terrorismus 219–221). Weil der gegen das Feind-Denken angetretene Neoliberalismus ähnlich wie Schmitt die tiefere Wurzel politischer Konflikte im Neid zwischen einzelnen Individuen ausblendet, bedeutet seine Ausbreitung keine Überwindung des Problems, sondern dessen Globalisierung und Verschärfung.

Auch wenn sich – um auf Schmitts These zurückzukommen – die Bergpredigt sicher nicht naiv politisch umsetzen lässt, möchte ich gegen die Trennung zwischen individuellem Verhalten und den großen politischen Strukturen die Verbundenheit von Mikro- und Makroebene hervorheben. Wir können uns dabei auf die großen europäischen Romanschriftsteller berufen, die diesen Zusammenhang in ihren Schriften immer wieder betont haben. Der französisch-amerikanische Kulturtheoretiker René Girard hat diese Einsichten systematisiert und vor allem am Beispiel von Autoren wie Proust oder Dostojewski gezeigt, wie eng Mikro- und Makrokosmos im menschlichen Leben zusammenhängen (Girard, Figuren 224–236; Ressurection 59, 139f.; Heilige 411f.). Neidischer Wetteifer und Feindschaft auf der individuellen Ebene führen nämlich kaskadenartig zu den Feindschaftsmustern auf politischer Ebene. Ein arabisches Sprichwort bringt die in den elementarsten menschlichen Verhältnissen wurzelnde Feindschaft mit ihrer Neigung, sich bis hin zur weltpolitischen Ebene aufzuschaukeln, gut zum Ausdruck: »Ich gegen meine Brüder, meine Brüder und ich gegen unsere Vettern, meine Brüder, Vettern und ich gegen die Welt.« (Zit. nach Gellner 111) Sozialphilosophisch hat der deutsche Schriftsteller Hans Magnus Enzensberger festgehalten, dass der Konflikt mit dem Nachbarn der Fremdenfeindschaft vorausgeht: »Der verabscheute Andere ist ursprünglich wohl immer der Nachbar, und erst, wenn sich größere Gemeinwesen gebildet haben, wird der Fremde jenseits der Grenze zum Feind erklärt.« (Enzensberger 11) Die Feindstrukturen in der Politik können nur dann überwunden werden, wenn auch die Feindschaften in den elementaren menschlichen Beziehungen ein Ende finden. Letztlich haben die großen Schriftsteller in ihrem eigenen Leben erkannt, dass es eine persönliche Umkehr braucht – eine Absage an den satanischen Stolz und den giftigen Neid –, um auch die sozialen und politischen Verhältnisse verändern zu können.

Ein gutes Beispiel dafür ist das Romanwerk Dostojewskis, das in einem Aufruf zur persönlichen Vervollkommnung gipfelt. Weil für den russischen Dichter alles wie in einem großen Ozean zusammenhängt, erkannte er, dass auch das scheinbar nebensächlichste Verhalten der Menschen die großen politischen Entwicklungen beeinflusst.

Im seinem Roman *Die Brüder Karamasow* findet sich eine beeindruckende Stelle, die diese umfassende Sicht des russischen Dichters zum Ausdruck bringt:

»Tag für Tag und Stunde für Stunde, jede Minute habe dich im Auge und gib acht auf dich, dass deine Erscheinung eine wohlgestalte ist. Es geschieht einmal, daß du an einem kleinen Kind vorbeigehst, grollend, mit einem häßlichen Wort auf den Lippen und Zorn im Herzen; vielleicht hast du das Kind nicht einmal beachtet, aber es hat dich gesehen, und dein Bild, ungestalt und unanständig, ist vielleicht in seinem wehrlosen kleinen Herzchen geblieben. Du hast es nicht einmal gemerkt, aber vielleicht hast du damit einen bösen Samen in das Kind gesät, und er könnte in ihm aufgehen, und dies nur, weil du vor dem Kind dich nicht in acht genommen hast, weil du in deinem Inneren die tätige, die umsichtige Liebe nicht großgezogen hast.« (Dostojewskij, Brüder 515)

Auf den ersten Blick wirkt eine solche moralische Aufforderung politisch naiv und für die großen Probleme Europas ungeeignet. Schon zu seinen Lebzeiten wurde Dostojewski deshalb vom liberalen Staatsrechtsgelehrten Alexander D. Gradówskij scharf kritisiert. Dostojewskis Appell an die persönliche Umkehr genüge nicht, es komme nämlich einzig und allein auf die Errichtung geeigneter sozialer Institutionen an. Dostojewski hat in der von ihm herausgegeben Monatszeitschrift *Tagebuch eines Schriftstellers* auf diesen Vorwurf geantwortet und Gradówskij entgegen gehalten, dass dessen Art von Wissenschaft einen lebendigen Organismus wie mit einem Messer zerschneide, wenn er die sozialen Institutionen von der persönlichen Vervollkommnung abtrenne. Die in der Französischen Revolution neben der Freiheit und Gleichheit geforderte Brüderlichkeit setze nämlich brüderliche Verhältnisse zwischen den Menschen voraus und könne nicht ohne grausame, alle Menschen auf den Status von Insekten reduzierende Zwangsmaßnahmen als bloße Institution eingerichtet werden (Dostojewski, Tagbuch 524–549).

Auch wenn Dostojewski in seinen politischen Essays selbst immer wieder den Versuchungen des Feinddenkens – auch des Antisemitismus – erlegen ist, bleiben diese Einwände gegen Gradówskij bedeutend. In seinem Roman *Die Brüder Karamasow* finden sie sich an entscheidenden Stellen wieder. So erklärt der fremde Gast dem Starez Sossima, warum die gelebte Brüderlichkeit absoluten Vorrang vor ihrer institutionellen Verwirklichung haben muss, ein Gedanke, den der Starez später selbst in seine Lehre aufnimmt:

»Um die Welt verwandeln zu können, müssen die Menschen selbst innerlich einen anderen Weg einschlagen. Bevor nicht jeder tatsächlich zum Bruder des anderen wird, kann es keine Brüderlichkeit geben. Keine Wissenschaft und kein Utilitarismus werden den Menschen jemals dazu bringen, sein Hab und Gut und seine Rechte redlich zu teilen. Jeder wird sich übervorteilt fühlen, alle werden murren, einander beneiden und einander vertilgen.« (Dostojewskij, Brüder 488; vgl. 510)

In der politisch wichtigen und berühmten Legende vom Großinquisitor zeigt Dostojewski im selben Roman auf, welche Konsequenzen von den rein institutionellen Einrichtungen des Friedens zwischen den Menschen zu erwarten sind und zielt damit indirekt auf die beiden oben diskutierten Versuchungen unserer Welt: einerseits die traditionellen politischen Freund-Feind-Muster und andererseits die Abschaffung des herkömmlichen Menschen durch eine ökonomistische Zentralverwaltung – die universelle Vereinigung der Welt in Form eines »allgemeinen und gleichgesinnten Ameisenhaufens« (Dostojewskij, Brüder 415; vgl. Palaver, Distanz 116). Was der russische Dichter in seiner Legende ausgesprochen hat, hat sich in der modernen Welt vielfach bestätigt und erklärt, warum diese zu einem der großen klassischen Texte des politischen Denkens geworden ist.

Dostojewskis Einsicht in den organischen Zusammenhang von persönlichem Verhalten und politischen Strukturen bedeutet für die Frage nach der Zukunft Europas, dass wir alle in unserem ganz alltäglichen Leben immer auch schon an den politischen Entwicklungen mitwirken. Wo immer wir den Versuchungen zur Feindschaft widerstehen, ermöglichen wir auch politische Formen des Zusammenlebens, die nicht auf äußere Feinde angewiesen bleiben. Wo wir aber diesen Versuchungen nachgeben, ebnen wir für die großen Freund-Feind-Muster die Bahn. Dostojewski ist in seiner Einsicht in den organischen Zusammenhang zwischen persönlichem Verhalten und den politischen Strukturen entschieden von der christlichen Tradition geprägt, die diesen Gedanken immer wieder herausgestrichen hat.

Ein frühes Beispiel dafür ist Augustinus, der den Unfrieden nicht auf einen Kampf zwischen fremden Kulturen, sondern auf die Feindschaft im eigenen Haus zurückführt. Für den lateinischen Kirchvater nennt Mt 10,36 die tiefere Ursache des Unfriedens: »Des Menschen Feinde sind seine eigenen Hausgenossen« (Augustinus 537f [XIX.5]). Diese Einsicht führt ihn konsequent zur These, dass der staatliche Friede bereits auf dem Frieden in der Familie aufbauen muss (Augustinus 560 [XIX.16]; vgl. Elshtain 34–42, 96).

Auch die Tradition der katholischen Soziallehre betont den Zusammenhang von persönlichem Verhalten und politischen Strukturen. So heißt es im Konzilsdokument *Gaudium et spes*, dass die »tieferen Wurzeln« für die in der »gesellschaftlichen Ordnung vorkommenden Störungen« im »Stolz und Egoismus der Menschen« zu finden sind (Nr. 25). Und Papst Johannes Paul II. führt die »Strukturen der Sünde« – eines der zentralen Beispiele für ihn ist die Spaltung der Welt in Ost und West während des Kalten Krieges – in seiner Enzyklika *Sollicitudo rei socialis* auf die »Gier nach Profit« und dem »Verlangen nach Macht« zurück, dem sowohl »Einzelpersonen« als auch »Nationen und Blöcke« verfallen können (Nr. 37). Diese Einsicht in den Zusammenhang von persönlichem Verhalten und politischen Strukturen führt konsequent zur These, dass sich

Selbstveränderung und Strukturveränderung gegenseitig bedingen. Am ausführlichsten hat dies Papst Paul VI. in seinem apostolischen Schreiben *Evangelii nuntiandi* ausgesprochen: »Die Kirche erachtet es gewiss als bedeutend und dringlich, Strukturen zu schaffen, die menschlicher und gerechter sind, die Rechte der Personen mehr achten, weniger beengend und unterdrückend sind; sie ist sich aber dessen bewusst, dass die besten Strukturen, die idealistischen Systeme schnell unmenschlich werden, wenn nicht die unmenschlichen Neigungen im Herzen des Menschen geläutert werden, wenn nicht bei jenen, die in diesen Strukturen leben oder sie bestimmen, eine Bekehrung des Herzens und des Geistes erfolgt.« (Nr. 36)

Der biblische Geist der Feindesliebe will verkörpert werden: Die christlichen Kirchen und kirchlichen Gemeinden als Bausteine einer europäischen Kultur des Friedens

Dostojewskis Aufforderung zur persönlichen Umkehr verdankt sich letztlich seinem christlichen Hintergrund. Ausdrücklich verweist der Starez Sossima auf das Bild Christi, das wie ein »kostbarer Diamant der ganzen Welt leuchten wird« und damit das Fundament einer wahren Brüderlichkeit legt (Dostojewskij, Brüder 510). Ähnlich hat dies Chiara Lubich, die Gründerin der Fokolar-Bewegung, anlässlich der Tagung »1000 Städte für Europa« in Innsbruck im November 2001 in ihrem Referat »Geschwisterlichkeit in der Politik als Schlüssel zur Einheit Europas und der Welt« zum Ausdruck gebracht: »Die Geschwisterlichkeit wurde der Menschheit von Jesus geschenkt, der vor seinem Tod gebetet hat: ›Vater, alle sollen eins sein.‹ Jesus offenbart, dass Gott der Vater aller ist und die Menschen folglich untereinander Brüder und Schwestern, eine einzige Familie sind. Damit reißt Jesus die Mauern ein, die die ›Gleichen‹ von den ›Anderen‹, die Freunde von den Feinden, eine Stadt von der anderen trennen. Er befreit jeden Menschen aus den Banden, die ihn gefangen halten, aus den unzähligen Formen von Abhängigkeit und Sklaverei, aus jeder ungerechten Beziehung und bewirkt so eine wahre Revolution auf existentieller, kultureller und politischer Ebene.« (Lubich 27)

In Leben und Lehre Jesu Christi entdecken wir eine radikale Absage an das übliche Feinddenken. Während für Aischylos die gegenseitige Liebe den gemeinsamen Hass zur Voraussetzung hat, fordert Jesus in der Bergpredigt dazu auf, herkömmliche Freund-Feind-Muster zu überwinden: »Ihr habt gehört, dass gesagt worden ist: Du sollst deinen Nächsten lieben und deinen Feind hassen. Ich aber sage euch: Liebt eure Feinde und betet für die, die euch verfolgen, damit ihr Söhne eures Vaters im Himmel werdet.« (Mt 5,43–45)

Girards Kulturtheorie hilft uns zu verstehen, wie sehr die biblische Botschaft mit ihrer Betonung der Feindesliebe eine neue Form des Zusammenlebens der Menschen in die Welt bringt, die die bisherigen kulturellen Formen grundsätzlich in Frage stellt (vgl. Palaver, Theorie 251–345). Während das Freund-Feind-Denken in einem Gründungsmord am Beginn der menschlichen Zivilisation wurzelt, bei dem mittels eines Sündenbockmechanismus Frieden auf Kosten eines gemeinsamen Feindes erzeugt wurde, deckt die biblische Offenbarung diese Gewaltstrukturen auf, indem sie sich mit den ausgeschlossenen Sündenböcken der menschlichen Geschichte solidarisch erklärt. In der Eucharistie feiern wir diese Umkehr der Sündenbocklogik (vgl. Schwager 279–287; Niewiadomski). Von der Liebe Gottes beschenkt können wir uns für alle Menschen öffnen. Der Empfang der Hostie ist keine Wiederholung der archaischen Opferlogik oder eines damit verbundenen Feindmusters, wie die lateinische Wurzel des Wortes vermuten lassen könnte – *hostia* bedeutet Menschen- oder Tieropfer und *hostis* steht für Fremder oder Feind –, sondern die Öffnung für jene Wirklichkeit Gottes, die in der Hingabe Jesu eine Liebe sichtbar werden ließ, die allen ausgrenzenden Formen des Opfers ein Ende bereitete. Am

Beginn der Eucharistie steht nicht das Einschwören auf gemeinsame Feinde, sondern das Bekenntnis der eigenen Schuld. Getragen von der Barmherzigkeit Gottes brauchen wir unsere eigenen Schwächen nicht mehr auf Fremde abzuwälzen.

Das in der Eucharistie gefeierte Geheimnis gehört zu jenen kulturprägenden Impulsen unserer Welt, die auf ein Leben ohne politische Feindstrukturen hoffen lässt. Seit den Anfängen der frühen Kirche hat das Christentum in diese Richtung auch die Entwicklung der europäischen Kultur beeinflusst. Neben den großen Freund-Feind-Strukturen, die die Geschichte der Christenheit begleiten, gibt es auch ein Fortwirken des Offenbarungsimpulses, der zu einer Humanisierung der Welt beigetragen hat. Immer wieder haben einzelne Menschen und Gruppen Zeugnis dafür abgelegt, dass Feindschaft kein unausweichliches Schicksal der Menschen ist. Als Beispiel sei auf Franz von Assisi, einem der großen Heiligen der europäischen Geschichte, hingewiesen, der sich mitten in der Zeit der Kreuzzüge für die von Jesus grundgelegte Feindesliebe und Gewaltfreiheit entschied. So wollte er beispielsweise sowohl die als Ketzer bekämpften Katharer als auch die andersgläubigen Mauren ohne Waffengewalt bekehren. »Als er 1219 das Kreuzfahrerheer nach Ägypten begleitete, konnte er es wagen, mitten durch die vor Damiette Kämpfenden zum Sultan vorzudringen und ihm von der Liebe des Erlösers zu erzählen; er wies damit der Mission des Kreuzes einen neuen Weg; statt mit Waffen zu besiegen, sollte sie durch Liebe bezwingen.« (Franzen 206f.)

Mit Franziskus ist einer jener europäischen Heiligen erwähnt, die als Vorbild für jene persönliche Vervollkommnung stehen, die uns allen aufgetragen ist. Am Beginn der christlichen Tradition wurde Europa – im Gegensatz zum schon lange vorher hoch gepriesenen Orient – erst dann zu einem positiven Begriff, als es selbst auf das Vorbild von Heiligen verweisen konnte. Sulpicius Severus, der Biograph des hl. Martin von Tours, erkennt um das Jahr 400 eine solche positive Entwicklung in Europa: »Wenn du bis nach Ägypten gehst, das sich so stolz der großen Zahl und der Tugenden seiner Heiligen rühmt, kannst du es trotzdem wissen lassen, daß Europa ganz Asien nicht nachsteht und dies ganz allein schon wegen Martinus.« (Zit. nach de Rougemont 45)

Der hl. Martin fand viele Nachfolger und Chiara Lubich kann zugestimmt werden, wenn sie herausstreicht, dass »Europa auf Heiligkeit gegründet ist« (Lubich 27). Sie spannt den Bogen von Benedikt von Nursia über die Slawenapostel Kyrill und Methodius, Brigitta von Schweden, Katharina von Siena sowie Edith Stein bis hin zur Einleitung von Seligsprechungsprozessen für Robert Schuman und Alcide de Gasperi, zwei Gründervätern der modernen Europäischen Einigung.

Es wäre eine konsequente Fortsetzung dieser Linie, wenn wir in Zukunft auch den oberösterreichischen Bauern und Wehrdienstverweigerer Franz Jägerstätter in diese Reihe europäischer Heiliger aufnehmen könnten. Jägerstätter wurde 1943 von den Nationalsozialisten hingerichtet, weil er sich geweigert hatte, am Eroberungskrieg Hitlers teilzunehmen. Ausdrücklich widersprach er der ideologischen Rechtfertigung dieses Krieges, die den Kampf gegen den Bolschewismus als Rettung des »Christentums in Europa« ausgab (Jägerstätter 139). Für Jägerstätter waren sowohl die regelmäßige Feier der Eucharistie, die Verehrung der Heiligen als auch die eingehende Auseinandersetzung mit der Bibel wichtige Quellen seiner Spiritualität (vgl. Scheuer). Mit dem hl. Franziskus verbindet ihn dabei vor allem sein Beitritt zum Dritten Orden im Jahre 1940 (vgl. Putz 103–105). Jägerstätters Betonung der Feindesliebe verdankt sich seiner Bibellektüre und stellt ihn in die Reihe jener großen europäischen Christen, die sich vom herkömmlichen Feinddenken distanzierten. Zwei Aufzeichnungen – die zweite bereits 1943 im Gefängnis in Berlin geschrieben – unterstreichen dies deutlich: »Die Liebe, sie soll in uns so wachsen, daß wir auch unsere

Feinde lieben können, dann erst können und dürfen wir uns Christen nennen, denn seine Freunde lieben, das kann der Antichrist oder der Heide auch« (Jägerstätter 116). – »Feindesliebe ist nicht charakterlose Schwäche, sondern heldische Seelenkraft und Nachahmung des göttlichen Vorbildes« (Jägerstätter 184).

Es ist die in den großen Heiligen repräsentierte christliche Tradition, die es fortzusetzen gilt, um jene europäische Identität zu fördern, die ein politisches Zusammenleben ohne äußere Feinde möglich machen soll. Für uns einzelne Christen heißt dies zuerst, an unserer eigenen persönlichen Umkehr zu arbeiten. In einem weiteren notwendigen Schritt sind aber damit vor allem auch die christlichen Kirchen und Gemeinden aufgefordert, zu einer europäischen Kultur des Friedens beizutragen. Die biblische Botschaft der Feindesliebe darf nicht spiritualistisch zur Flucht aus der Kultur und den politischen Verhältnissen führen, sondern fordert seine Verkörperung. So wie der gewaltfreie Gott der Bibel in Christus Mensch geworden ist, so zielt auch der Geist der Feindesliebe auf eine konkrete soziale Existenz. Die Kirche ist der politische Körper, in dem sich dieser biblische Geist zuerst verwirklichen muss. Die katholische Kirche ist dabei ganz besonders herausgefordert, wenn sie allen Versuchungen, sich durch Abgrenzungen zu definieren, widersteht und mit dem modernen Kirchenvater Henri de Lubac den Katholizismus als jene »einzige Wirklichkeit« versteht, »die, um zu sein, es nicht nötig hat, sich *entgegenzusetzen*, also alles andere als eine ›geschlossene Gesellschaft‹« ist (de Lubac 263). Es ist genau dieser offene Katholizismus, der uns helfen muss, eine positive europäische Identität ohne äußere Feinde aufzubauen.

Insofern in den kirchlichen Gemeinden Feindschaften, Nationalismus sowie ethnische Vorurteile überwunden und Vergebung gelebt wird, tragen sie entscheidend zu einer europäischen Kultur des Friedens bei. So wie in unseren eigenen Gemeinden erste Schritte zur Überwindung von Feindschaft gesetzt werden müssen, so sind wir auch aufgefordert, aufgebrochene Spaltungen innerhalb Europas zu überbrücken. Sehr klar haben sich in diese Richtung die 14 christlichen Kirchen Österreichs in ihrem Sozialwort von 2003 geäußert: »Es ist ein wichtiges Anliegen der Kirchen, Schritte zur Überwindung von Hass, zu Verständigung und Versöhnung zwischen einzelnen Menschen und Gruppen, aber auch über Ländergrenzen hinweg zu setzen.« (Nr. 148)

Es geht in Europa um das Bauen von Brücken (ebd. Nr. 148–153). Überregionale Projekte über Diözesan- und Ländergrenzen hinweg gehören genauso dazu wie das Engagement einzelner Pfarrgemeinden. Partnerschaften zwischen Pfarrgemeinden in Ost und West könnten beispielsweise dazu beitragen, die Wunden des Kalten Krieges schneller zu heilen. Wichtiger als die Nennung Gottes oder ein entsprechender Hinweis auf die christliche Tradition in einer zukünftigen europäischen Verfassung, sind tätige Christen, die dem Weg der Heiligen nachfolgen und christliche Gemeinden, die den Geist Jesu Christi in sozialer, politischer Gestalt lebendig werden lassen. Entsprechende Hinweise in der Verfassung könnten für uns aber eine zusätzliche Motivation sein.

Literatur

Aischylos: Tragödien. Übersetzt von O. Werner. Mit einer Einführung und Erläuterungen von B. Zimmermann. München 1990.

Ash, Timothy Garton: Europe at War. In: The New York Review Vol. XLVIII, No. 20 (December 20, 2001) 66–68.

Brehl, Medardus/Platt, Kristin (Hg.): Feindschaft. München 2003.

Dostojewski, Fjodor M.: Tagebuch eines Schriftstellers. Notierte Gedanken. Aus dem Russischen von E. K. Rahsin. Mit einem Nachwort von A. Flaker. München 1996.

Dostojewskij, Fjodor: Die Brüder Karamasow. Aus dem Russischen von S. Geier. Zürich 2003.

Elshtain, Jean Bethke: Augustine and the Limits of Politics. Notre Dame 1995.

Enzensberger, Hans Magnus: Aussichten auf den Bürgerkrieg. Frankfurt am Main 1993.

Franzen, August: Kleine Kirchengeschichte. Freiburg/Br. 10. Aufl. 1981.
Gellner, Ernest: Leben im Islam. Religion als Gesellschaftsordnung. Aus dem Englischen übersetzt von S. u. U. Enderwitz. Stuttgart 1985.
Geremek, Bronislaw: The Common Roots of Europe. Translated by J. Aleksandrowicz and others. Cambridge 1996.
Girard, René: Das Heilige und die Gewalt. Aus dem Französischen von E. Mainberger-Ruh. Zürich 1987.
Girard, René: Resurrection from the Underground: Feodor Dostoevsky. Translated and Foreword by J. G. Williams. New York 1997.
Girard, René: Figuren des Begehrens. Das Selbst und der Andere in der fiktionalen Realität. Aus dem Französischen von E. Mainberger-Ruh. Münster 1998.
Girard, René: Gewalt und Gegenseitigkeit. Aus dem Französischen von U. Kunzmann. In: Sinn und Form 54/4 (Juli/August 2002), SS. 437–454.
Grote, Jim/McGeeney, John: Manager – Klug wie die Schlangen? Wirtschaftsethik und Büropolitik. Aus dem Englischen von A. Erlacher. Münster 2002.
Harle, Vilho: The Enemy with a Thousand Faces: The Tradition of the Other in Western Political Thought and History. Westport 2000.
Hayek, Friedrich August von: Recht, Gesetzgebung und Freiheit. Band 2: Die Illusion der sozialen Gerechtigkeit. Aus dem Amerikanischen übertragen von M. Suhr. Landsberg 1981.
Huntington, Samuel P.: Der Kampf der Kulturen. The Clash of Civilizations. Die Neugestaltung der Weltpolitik im 21. Jahrhundert. Aus dem Amerikanischen von H. Fliessbach. München, Wien 1996.
Jägerstätter, Franz: Gefängnisbriefe und Aufzeichnungen. Franz Jägerstätter verweigert 1943 den Wehrdienst. Hg. von E. Putz. Linz 1987.
Lubac, Henri de: Katholizismus als Gemeinschaft. Köln 1943.
Lubich, Chiara: Geschwisterlichkeit in der Politik als Schlüssel zur Einheit Europas und der Welt. In: 1000 Städte für Europa. Ein Kongress für alle Bürgermeister Europas. Innsbruck, 9./10. November 2001. Hg. von der Bewegung für die Einheit in Österreich und Fokolar-Bewegung Österreich. Wien 2003, SS. 26–37.
Niethammer, Lutz: Kollektive Identität. Heimliche Quellen einer unheimlichen Konjunktur. Unter Mitarbeit von A. Doßmann. Reinbek bei Hamburg 2000.
Niewiadomski, Józef: Konturen einer Theologie der Eucharistie. In: M. Scharer/J. Niewiadomski, Faszinierendes Geheimnis. Neue Zugänge zur Eucharistie in Familie, Schule und Gemeinde. Innsbruck 1999, SS. 75–105.
Palaver, Wolfgang: Die mythischen Quellen des Politischen. Carl Schmitts Freund-Feind-Theorie. Stuttgart 1998.

Ders.: Girards versteckte Distanz zur neuzeitlichen Ontologisierung der Gewalt. In: Dramatische Theologie im Gespräch. Symposion/Gastmahl zum 65. Geburtstag von Raymund Schwager. Hg. von J. Niewiadomski und N. Wandinger. Münster 2003, 113–126.
Ders.: René Girards mimetische Theorie. Im Kontext kulturtheoretischer und gesellschaftspolitischer Fragen. Münster 2003.
Ders.: Terrorismus: Wesensmerkmale, Entstehung, Religion. In: Religion erzeugt Gewalt – Einspruch! Innsbrucker Forschungsprojekt ›Religion – Gewalt – Kommunikation – Weltordnung‹. Hg. von R. Schwager und J. Niewiadomski. Münster 2003, SS. 217–232.
Putz, Erna: Franz Jägerstätter. »... besser die Hände als der Wille gefesselt ...« Linz 1985.
Rougemont, Denis de: Europa. Vom Mythos zur Wirklichkeit. München 1962.
Scheuer, Manfred: Franz Jägerstätter. Ein Leben aus dem Glauben. In: Franz Jägerstätter. Christlicher Glaube und politisches Gewissen. Hg. von A. Riedl und J. Schwabeneder. Thaur 1997, SS. 42–62.
Schmitt, Carl: Der Begriff des Politischen. Text von 1932 mit einem Vorwort und drei Corollarien. Nachdruck der 1963 erschienen Auflage. Berlin 1987.
Schneider, Heinrich: Die Europäische Union als Wertegemeinschaft auf der Suche nach sich selbst. In: Die Union 1 (2000), SS. 11–47.
Schwager, Raymund: Jesus im Heilsdrama. Entwurf einer biblischen Erlösungslehre. Innsbruck 1990.
Sozialwort des Ökumenischen Rates der Kirchen in Österreich. Wien: Ökumenischer Rat der Kirchen in Österreich, 2003.
Texte zur katholischen Soziallehre. Hg. vom Bundesverband der Katholischen Arbeitnehmer-Bewegung Deutschlands – KAB. Bornheim-Kevelaer 8. Aufl. 1992.
Winter, Leon de: Altes Gift im neuen Europa. In: Die Zeit Nr. 51 (11. Dezember 2003), S. 43.
Augustinus, Aurelius: Vom Gottesstaat (De civitate dei). Aus dem Lateinischen von W. Thimme. Eingeleitet und kommentiert von C. Andresen. 2 Bände. München 2. Aufl. 1985.

Welche sozialen Herausforderungen kommen auf uns zu?

Paloma Fernández de la Hoz

Einführung: Bauplatz Europa

Europa erweist sich uns heute vielleicht mehr denn je als ein großer Bauplatz. Dieses Bild des Bauplatzes bringt auch sehr treffend die soziale Situation Europas und die Gemüter so vieler Europäer/innen zum Ausdruck.

Eine Baustelle ist ein Gelände, wo *unvollständige* Dinge (Strukturen, Gerüste, Rahmen, Materialien, Farben,) ins Auge stechen. Außenstehende, die nicht mit der Arbeit, die dort durchgeführt wird, vertraut sind, können sogar den Eindruck bekommen, dort herrsche ein heilloses *Durcheinander*!

Eine Baustelle ist aber kein Mistplatz! Materialien, Werkzeug, Gerüste und Maschinen stehen oder liegen dort, wo sie sind, nicht aus Willkür, sondern um überhaupt ein bestimmtes Arbeitstempo zu ermöglichen.

Ein Bauplatz, eine Baustelle, ist ein Ort, wo gar nichts weitergeht, wenn die Mitarbeiter/innen keinem Gesamtkonzept folgen, selbst, wenn jede/r bei diesem Gesamtwerk einen eigenen spezifischen Beitrag leistet. Diese Harmonisierung der Verschiedenheit wird ausschlaggebend für das Gelingen des Unternehmens. Klappt das nicht, dann kann die Baustelle sogar zu einer bedauerlichen Ruine werden, einem verlassenen Gelände, auf dem nie etwas Sinnvolles (Praktisches oder Nützliches oder Schönes) entstanden ist.

Zu Beginn des 21 Jahrhunderts ist das Wort *Europa* mehr als die Bezeichnung eines Kontinents oder einer Gruppe von Ländern geworden. Im Laufe der Jahrhunderte ist es zu einer immer engeren Konvergenz von kulturellen Erben, Interessen und gemeinsamen Herausforderungen zwischen den Europäer/innen gekommen.

Dieser Konvergenzprozess hat sein Tempo insbesondere ab 1945 mit der Entstehung der Europäischen Gemeinschaft einerseits und des Europarates andererseits[1] beschleunigt. Die weltweiten Prozesse, die wir normalerweise unter dem Stichwort Globalisierung subsumieren, haben ebenfalls dazu beigetragen, den europäischen Raum enger zusammenzubringen, selbst wenn sich gerade in Zeiten der Globalisierung Aufsplitterungstendenzen zeigen.

2004 ist ein wichtiges Jahr für unseren Kontinent: Wie im Europäischen Rat von Kopenhagen am 13. Dezember 2002 beschlossen, wurden am 1. Mai 2004 zehn Länder zu neuen Mitgliedern der Europäischen Union. Diese darf zwar nicht mit Europa, das noch größer, reicher und komplexer ist, gleichgesetzt werden, doch wird der Erweiterungsprozess der EU zweifelsohne die künftige Entwicklung des gesamten Kontinents prägen. Deshalb ist es keineswegs übertrieben, diesen Prozess als historisches Ereignis zu bezeichnen.

Die Frage ist aber, wie wir diesen und auch andere Konvergenzprozesse in Europa steuern werden. Daher ist es notwendig, die Herausforderungen klarzustellen, vor denen wir stehen.

Wer sind aber »wir«? Ich nehme an, dass dieses »WIR« sich im Rahmen einer Pastoraltagung auf uns, Christen und Christinnen, die in der Pastoral tätig sind, bezieht. Deshalb werde ich versuchen, einen kurzen Einblick in die soziale Entwicklung Europas zu geben, um dadurch einige zentrale Herausforderungen zu identifizieren, vor denen wir stehen, um anschließend einige Handlungsprioritäten vorzuschlagen.

Soziale Entwicklungsprozesse in Europa heute

Die Bedeutung der sozialen Prozesse in Europa im Hinblick auf die persönliche Entwicklung von dessen Bewohner/innen als Menschen und Bürger/innen ist evident. Zahlreiche lokale, regionale und nationale Studien belegen dies. Auch supranationale Institutionen wie die Europäische Kommission oder der Europarat verfügen über entsprechende Beobachtungsstellen, denn ohne gute Diagnosen können keine entsprechenden sozialpolitischen Richtlinien entworfen werden. So veröffentlicht die Europäische Kommission jährlich einen Bericht über »Die soziale Lage in der Europäischen Union«, während der Europarat seit Jahren über eine Abteilung für »sozialen Zusammenhalt« verfügt.

Auch transnationale Netzwerke wie etwa das EAPN (Europäisches Netzwerk gegen Armut) sowie andere spezifische Dachverbände verfolgen soziale Entwicklungsprozesse in Europa.

All diese Einrichtungen bemühen sich – zumindest im Prinzip – darum, die Lebensqualität der Menschen, die heute in Europa leben, zu verbessern. Das Problem ist: Was ist unter *Lebensqualität* zu verstehen? Ich werde im dritten Teil meines Beitrags auf diese Frage zurückkommen.

Was können wir heute aus all diesen Berichten herauslesen? Wo sind unsere Chancen und Herausforderungen?

Wie die Expert/innen der Europäischen Kommission betonen, resultiert unsere aktuelle Situation aus dem Zusammenwirken längerfristiger Entwicklungen der Bevölkerungsstrukturen und kurz- bis mittelfristiger wirtschaftlicher Veränderungen.

Zu dieser klaren strukturellen Analyse möchte ich auch auf das Zusammenwirken von materiellen Rahmenbedingungen einerseits und kulturellen Vorstellungen und Denkweisen andererseits hinweisen. Ich habe den Eindruck, dass wir häufiger über Rahmenbedingungen reflektieren als über unsere eigenen Einstellungen (etwa zum Staat, zur Wirtschaft, zur Familie, zum Mensch-Sein, zur Kirche, zu den Minderheiten). Dennoch sind diese Vorstellungen ausschlaggebende Faktoren für die Entwicklung sozialer Handlungsstrategien, wenn wir mit sozialen Problemen bzw. Risken konfrontiert werden.

Der letzte Bericht der Europäischen Kommission[2] fasst die sozio-ökonomische Situation der EU-Länder als ambivalent zusammen: Vor uns stehen Chancen und auch Risken. In der Substanz gibt es positive Entwicklungsprozesse; die großen Herausforderungen sind jedoch noch lange nicht bewältigt, und mit der EU-Erweiterung ergeben sich auch weitere, neue Herausforderungen.

Die europäische Bevölkerung wird älter

Die Überalterung der Bevölkerung Europas[3] ist in erster Linie ein positives Phänomen. Tendenziell leben wir länger und besser. Und das ist gut. Das strukturelle Problem besteht darin, dass diese Chance nicht mit einem Wachstum der Bevölkerungszahlen einhergeht. Anders ausgedrückt: Das Problem sind nicht die älteren Menschen, sondern der Mangel an Kindern. Dieser Prozess stellt uns daher mittelfristig vor neue wirtschaftliche und soziale Herausforderungen:

1. Die wirtschaftlichen Probleme werden heutzutage häufig ausdiskutiert. In weniger als einem Jahrzehnt wird der Eintritt der Babyboom-Jahrgänge in den Ruhestand seine volle Wirkung entfalten. Dies bedeutet mehr soziale Belastungen und weniger humane Ressourcen in der Wirtschaft. Fragen nach der Reform der Pensionen, nach der Ausdehnung des Erwerbstätigkeitsalters oder nach einer Reform des Gesundheitswesens stehen auf der politischen Tagesordnung aller Mitgliedsstaaten.

2. Die sozialen Probleme sind aber auch ganz wichtig, denn sie betreffen die Lebensqualität älterer Menschen und derer Familien direkt:

Es ist sehr schwierig, sich einer Lebensqualität in der Einsamkeit zu erfreuen. Die erste Herausforderung, mit der ältere Menschen konfrontiert werden, ist somit der Erhalt eines Netzwerks von Beziehungen.

Viele EU-Bürger/innen werden sich wohl einer Verbesserung ihrer Lebensqualität erfreuen; andere ältere Menschen aber werden auch auf Pflegedienste angewiesen sein, woraus sich ein zunehmender *Altersabhängigkeitsquotient*[4] ergibt.

Parallel dazu werden die europäischen Haushalte kleiner und das Familienleben wird für viele Europäer/innen fragiler, selbst wenn dessen Bedeutung nach wie vor groß ist und die Familie als wichtigster Lebensbereich erhalten bleibt.[5] Die Pluralität von Familienformen wird auch durch die Migration bestärkt. Diese gewinnt als Faktor für das Bevölkerungswachstum rasch an Bedeutung.

Selbst wenn die Beitrittsländer heute eine jüngere Bevölkerungsstruktur als die derzeitigen EU-Länder aufweisen, werden auch sie diesen Prozess der Überalterung Europas nicht bremsen. Der einzige Faktor, der eindeutig zur Verjüngung der europäischen Bevölkerung beiträgt, ist die Migration. Doch diese wird von den Mitgliedsstaaten der Union immer deutlicher reduziert, während die Union über keinerlei politische Kompetenzen in diesem Bereich verfügt.

Eine ambivalente ökonomische Entwicklung

Die wirtschaftliche Situation ist schwierig, da das Wirtschaftswachstum sich verlangsamt. Nach fünf Jahren starken wirtschaftlichen Wachstums, das 12 Millionen neue Arbeitsplätze geschaffen hat, sind die Aussichten inzwischen *weniger optimistisch* geworden. Im Jahr 2001 sank das Wirtschaftswachstum auf 1,5 %, dies entspricht weniger als der Hälfte des im Jahr 2000 erreichten Niveaus, und 2002 erholte sich die Wirtschaft nur langsam. Das Beschäftigungswachstum verlangsamte sich zwar, stand jedoch noch immer unter einem positiven Vorzeichen.

Der Trend zu geringerer Erwerbslosigkeit – Flexibilisierung des Arbeitsmarktes. Die seit 1996 erzielten strukturellen Verbesserungen sowie die erfolgreiche Einführung der einheitlichen Währung haben zu einer besseren wirtschaftlichen Leistung in geldpolitischer und finanzieller Hinsicht sowie zu einer erhöhten *Flexibilität auf dem Arbeitsmarkt* geführt.

Neben den sichtbaren Beiträgen zur Verbesserung der Lebensbedingungen haben sich verstärkt politische Chancen in einer ganzen Reihe von Regionen ergeben. Es wurden neue Möglichkeiten geschaffen, um die Strukturprobleme auf dem Arbeitsmarkt zu bewältigen, etwa die Jugendarbeitslosigkeit und die niedrigen Erwerbsquoten von Frauen und älteren Arbeitnehmern.

Eine Fragmentation des Arbeitsmarktes scheint sich zu konsolidieren. Die Flexibilisierung des Arbeitsmarktes weist auf eine Fragmentation desselben hin. Komplexe, hoch entwickelte Gesellschaften sind insgesamt bestens ausgestattet, um Reichtum zu produzieren. Sie bergen aber auch zwangsläufig das Risiko der Zunahme von Ungleichheiten in sich. Daher verlangen sie nach einer wirksamen politischen Steuerung.

In unseren technisch hoch entwickelten Gesellschaften wird die Frage nach dem Zugang zur Bildung ausschlaggebend, und dies im Wesentlichen aus zwei Gründen:

Bildung hat unter anderem einen materiellen Wert: Sie befähigt Menschen dazu, qualifizierte, gut bezahlte Arbeitsplätze zu übernehmen. So wird Bildung zu einem ausschlaggebenden Faktor für die Überwindung von Armut und für den Zugang zu materiellem Wohlstand.

In unserer europäischen Kultur erfolgt soziale Integration durch Erwerbsarbeit. Diese garantiert nicht nur den Zugang zu materiellen Ressourcen, sondern trägt auch zum Aufbau der persönlichen Identität bei, verleiht soziales Aussehen und garantiert den praktischen Zugang zu zivilen, sozialen und politischen Rechten.

Hoch qualifizierte Gesellschaften bieten einerseits wenige gut bezahlte qualifizierte Arbeitsstellen, andererseits eine Vielfalt von gering bezahlten, wenig qualifizierten Arbeitsstellen.

Wenn die Erwerbslosigkeit heute in der EU zurückgeht, so lassen sich im Gegenzug eindeutige Tendenzen zur Fragmentierung des Arbeitsmarktes beobachten:

Die dauerhafte Erwerbslosigkeit verfestigt sich (*»die soziale Dauerkrise Europas«*[6]). Das Phänomen der unfreiwilligen Teilzeitbeschäftigung (*Poor jobs*) nimmt zu. Andererseits setzt der aktuelle Arbeitsmarkt auf Individuen. Dies führt zu krassen Unterschieden zwischen den Interessen des Marktes und jenen der Familien, was im Falle der Kinderbetreuung sowie der Betreuung von älteren und kranken Menschen besonders deutlich wird.

Wissensgesellschaft: Soziale Integration durch die Arbeit? In dem von der Kommission am Gipfel in Lissabon (2000) vorgelegten Dokument sowie in der Globalstrategie der Union für den Zeitraum 2000–2010, präsentiert am Gipfel von Feira (2000), wurde das Modell der »Wissensgesellschaft« präsentiert.

Aus diesen Dokumenten gehen insbesondere zwei relevante Grundsätze hervor:

Ersterer ist die *Betonung der individuellen Rechte* als Garantie für soziale Integration sowie für Gleichstellung der Geschlechter.

Zweiterer das Ziel, *Integration durch Vollbeschäftigung* zu erreichen. »Die Union zum wettbewerbsfähigsten und dynamischsten wissensbasierten Wirtschaftsraum in der Welt zu machen.«[7]

Die Betonung individueller Rechte stellt sich im Prinzip als die beste Garantie dar, um differenzierten Ausgrenzungsprozessen vorzubeugen. Das Risiko besteht aber darin, die Notwendigkeit von Maßnahmen zugunsten der Familien und des Familienlebens kaum zu diskutieren.

Vollbeschäftigung war zwar stets ein traditionelles Ziel des europäischen Sozialstaates und die Integration durch Erwerbsarbeit ein bewährtes Mittel dazu, es stellt sich nur die Frage, welche anderen Integrationsmechanismen vorzusehen sind, wenn die Erwerbsarbeit nicht allen einen Zugang zu sozialen Gütern garantieren kann. So hat etwa die Europäische Kommission 1998 Folgendes eingestanden: »Arbeitslosigkeit, unsichere Arbeitsplätze und soziale Ausgrenzung sind in den neunziger Jahren in Europa zu Problemen von immer größerer Brisanz geworden. Es sieht so aus, als profitierten Menschen, die aufgrund unzureichender Bildung und Qualifikation keinen Zugang zu Wissenschaft und Technologie finden, immer weniger von einem immer größeren wirtschaftlichen Wohlstand, der aus der Beschleunigung des Weltwirtschaftswachstums resultiert.«[8]

Armut und soziale Ausgrenzung

Armut und soziale Ausgrenzung wachsen nicht rasant, bleiben aber als unerledigte Probleme bestehen. Die Ungleichheiten haben sich während der Hochkonjunktur nicht verschärft und die steigenden Erwerbsquoten und das Wirtschaftswachstum haben neue Möglichkeiten mit sich gebracht, um die anhaltenden Probleme der Armut und der sozialen Ausgrenzung[9] anzupacken. Wir sind aber noch weit davon entfernt, dieses Problem beseitigt zu haben.

Was sind aber Armut und soziale Ausgrenzung? Ab dem letzten Viertel des 20. Jahrhunderts taucht die Armut erneut als ein Unglück auf, das auch »normalen Leuten« zustoßen kann.[10] Es handelt sich dabei aber um eine sozusagen »neue Armut«: Sie geht meist mit Erscheinungsformen einher, die nicht direkt materiell quantifizierbar sind. Mit der Bezeichnung »soziale Ausgrenzung« wird gerade auf diese Phänomene hingewiesen, wie etwa soziale Isolierung, Stigmatisierung und der Verlust von sozialen oder politischen Rechten usw.

Armutsgefährdung und soziale Ausgrenzung sind nur teilweise verwandte Phänomene. Unter ersterem wird eine materielle Schlechterstellung, unter letzterem eine multidimensionale Benachteilung nicht nur in ökonomischer, sondern auch in sozialer, politischer, kultureller und/oder rechtlicher Hinsicht verstanden. Damit ist das Konzept der Ausgrenzung um vieles umfassender als jenes der Armutsgefährdung, da sich letzteres – zumindest im Wissenschaftsverständnis – lediglich auf die materielle Komponente beschränkt.

Streng gesprochen bedingen Armut und soziale Ausgrenzung einander nicht gegenseitig. Untersuchungen über die Geschichte der Armut zeigen, inwieweit die soziale Situation von Mittellosen sich im Laufe der Zeit geändert hat. Arm zu sein, bedeutete nicht immer[11] und bedeutet folglich auch heute[12] nicht dasselbe wie soziale Ausgrenzung.

In den heutigen komplexen industrialisierten Gesellschaften gibt es, auch wenn der Verlust der Arbeit ein wesentlicher Faktor bleibt, verschiedene Wege, die zur sozialen Ausgrenzung führen bzw. diese verstärken:

Jemand kann ausgegrenzt sein, weil er keine Arbeit hat und in der Folge vom Zugang zum Konsum von Gütern und öffentlichen oder privaten Dienstleistungen ausgeschlossen ist (Bedeutung der Teilhabe); aber auch wenn ihm der Genuss politischer Rechte verwehrt wird oder er von seinen familiären Bindungen und seinen sozialen Kontakten abgeschnitten ist. Das ist beispielsweise bei Einwandererfamilien der Fall. Selbst wenn diese nicht unter materieller Armutsgefährdung leiden, erfahren sie doch oft eine soziale Ablehnung und sehen sich von politischen Rechten ausgeschlossen, obwohl sie seit langem in ihrem Aufnahmeland leben.

Dieser Zusammenhang zwischen materieller Bedürftigkeit und Mängeln psychologischer und sozialer Natur, der je nach dem historischen Kontext unterschiedlich ist, wird in den heutigen Gesellschaften immer enger.[13] Im Kontext von »produktivistischen Demokratien«, wo das »Wirtschaftsleben zunehmend zu einer wichtigen Quelle des sozialen Status geworden ist«, wird der Zugang zu materiellen Gütern für die Aneignung symbolischer Güter immer bedeutsamer.[14] Darüber hinaus gewinnen auch »Geld und die Position auf dem Arbeitsmarkt« in ihrer Rolle als »wichtige Vermittler im Hinblick auf eine soziale Partizipation«[15] immer mehr an Bedeutung.

Armut und Ausgrenzung haben immer konkrete Gesichter

Armut und Ausgrenzung sind keine abstrakten Dinge: Sie bestimmen immer das Leben konkreter Menschen. Dies sind in unseren europäischen Ländern vor allem Langzeitarbeitslose, Alleinerzieher/innen, kinderreiche Familien, Menschen mit Behinderungen, Menschen ohne Familie. Ebenfalls von einem stark erhöhten Armutsrisiko betroffen sind Migrantenfamilien sowie Kinder.

»Armut ist weiblich«. Sowohl hinsichtlich der Armutsgefährdung als auch der akuten Armut sind Frauen deutlich stärker betroffen als Männer. Das Risiko, in Armut zu fallen, ist für Frauen größer als für Männer. 60 Prozent der akut Armen sind Frauen. Folglich müssen armutsbekämpfende Maßnahmen u. a. spezifisch auf die Problemlagen von Frauen abgestimmt werden, wie etwa Kompatibilität zwischen Familienleben und Markt, gleicher Lohn für gleiche Arbeit. Diese und andere Maßnahmen fordert die Österreichische Armutskonferenz immer wieder.

Kinder und Jugendliche. Eine Reflexion über die Lebensbedingungen der Kinder führt auch zu einem ambivalenten Bild: Zum einen gibt es eindeutige Zeichen einer Zunahme des Wohlstandes: Die Realeinkommen sind gestiegen, der Sozial- und der Wohlfahrtsstaat wurden in den letzten Jahrzehnten ausgebaut. – Zum anderen gibt es aber Prozesse, die soziale Ausgrenzung fördern und dabei den Zugang zum Wohlstand bei vielen Kindern bedrohen. Zu diesen Prozessen zählen etwa: die strukturelle Erwerbslosigkeit, die Arbeitsintensivierung, ökonomische Krisen, die Entstehung von »prekären Beschäftigungen«.

Was den Konsum von Gütern betrifft, zeigt sich eine ambivalente Entwicklung: Kinder sind zweifelsohne zu einer wichtigen Konsumgruppe geworden. Aber: nicht alle können an diesem Wohlstand teilnehmen: In Österreich gibt es heute ca. 270.000 Kinder, die in Armut leben bzw. von Armut gefährdet sind. Kinder stellen in Österreich und in anderen hoch industrialisierten Ländern die Bevölkerungsgruppe, die am häufigsten von Armut bedroht wird.

Ältere Menschen und Behinderte: »Keine Kauf- und Erlebniskraft«. Immer mehr Menschen mit psychischen Problemen suchen Beratungsstellen auf. Viele laufen Gefahr, ihre Wohnung zu verlieren, oder sind nicht in der Lage, ihren Alltag zu bestreiten. Die psychosozialen Stützpunkte außerhalb der Spitäler in Gemeinden und Bezirken sind unzureichend, die Instrumente aktiver Arbeitsmarktpolitik für die Betroffenen nicht ausgereift – viele Projekte überdies von Kürzungen bedroht. Das sozialpolitische Engagement für Menschen mit psychischen Problemen muss intensiviert werden. Hier gibt es Anzeichen eines wachsenden sozialen Problems. Es braucht niederschwellige Wohnplätze, die Betreuung und Unterkunft für die Betroffenen flexibel managen können.

Menschen »ohne Familie«. Darunter fallen Menschen, die aufgrund unterschiedlicher Faktoren (wirtschaftlich, mental/psychisch oder politisch) Schwierigkeiten haben, eine eigene Familie zu gründen oder ihre ursprüngliche Familie zu behalten, wie etwa Obdachlose, Staatenlose bzw. Menschen »ohne Papiere« oder Langzeitarbeitslose – häufig nach einer Scheidung. Besonders krasse Beispiele für soziale Isolation und das Fehlen von familiärer Unterstützung sind Straßenkinder und Frauen, die zu Opfern des Menschenhandels zum Zwecke der Prostitution werden.[16] Derartige Situationen der Ausgrenzung können zu Formen der »perversen Integration« (Castells[17]) führen – oder führen schlichtweg dazu. Obwohl es sich hier um Fälle von extremer Ausgrenzung handelt, ist über ihre Situation noch sehr wenig bekannt.

Dynamik der sozialen Ausgrenzung: Indikatoren
Ausgrenzung vom Arbeitsmarkt

Seit 20 Jahren konsolidiert sich in den EU-Ländern der dauerhafte Ausschluss eines immer größeren Anteils der erwerbsfähigen Bevölkerung aus dem Arbeitsmarkt heraus (strukturelle Erwerbslosigkeit). Darüber hinaus ist die durchschnittliche Dauer der Erwerbslosigkeit angestiegen, insbesondere dort, wo die Erwerbslosigkeitsraten hoch sind. Somit erscheint das Phänomen der Langzeiterwerbslosigkeit.

Wenig qualifizierte Menschen, Frauen, gesundheitlich labile Leute sowie jene, die über 50 Jahre alt sind, finden sich überdurchschnittlich oft unter den dauerhaft Erwerbslosen. Die Situation von Frauen ist in diesem Zusammenhang besonders delikat, insofern sich ihre nach wie vor schwache Position am Arbeitsmarkt gerade in Zeiten konsolidiert, in denen dieser Arbeitsmarkt neu geordnet wird. Hinter der sozialen Debatte über die Zukunft der Arbeit verbergen sich somit u. a. auch unterschiedliche Auffassungen von Geschlechterrollen.[18]

Ausgrenzung im Arbeitsmarkt. Atypische Beschäftigungen weisen insbesondere junge Menschen, Frauen und Ausländer/innen auf. Beispielsweise sind rund 90 Prozent aller Teilzeitarbeitsplätze in Österreich von Frauen besetzt (vgl. z. B. Mühlberger 1999).

Ausgrenzung vom System der sozialen Sicherung. Besonders betroffen von dieser institutionalisierten Ausgrenzung sind einmal mehr Frauen, deren Erwerbskarrieren vielfach unterbrochen sind und deren Beschäftigung überwiegend atypisch ist – was den Eintritt in die Sozialversicherung entweder ganz verhindert oder zumindest erschwert.

Weitere Formen von Ausgrenzung. Das Phänomen der Ausgrenzung lässt sich nicht nur auf unzureichendes Einkommen reduzieren, das durch den Ausschluss vom Arbeitsmarkt, im Arbeitsmarkt oder von der Sozialversicherung mitverursacht wird. Es geht über die Beteiligung am Erwerbsleben und die Integration im Sozialstaat hinaus und manifestiert sich in Bereichen wie Wohnung, Bildung, Gesundheit oder dem Zugang zu Dienstleistungen.

Billige Wohnungen beispielsweise sind in der Regel mit schlechten Wohngegenden und Wohnbedingungen verbunden, die zusammen mit mangelnder Infrastruktur zu unerwünschter Ghettobildung führen können. Aber auch hinsichtlich der Inanspruchnahme von Dienstleistungen oder öffentlichen Gütern zeigt sich Ausgrenzung: So ist etwa für alle Österreicher/innen der »freie« Zugang zu Hochschulen gewährleistet, der aber für viele Menschen letztlich doch mit zu hohen Kosten verbunden wäre und daher nicht in Anspruch genommen wird. Ähnlich kann für das österreichische Gesundheitssystem argumentiert werden.

Minderheiten und Migrant/innen

In Europa gibt es nach wie vor Minderheiten, d. h. soziale Gruppen, die benachteiligt, unterdrückt, diskriminiert oder stigmatisiert werden. Was eine Minderheit somit als solche definiert, ist nicht so sehr die Zahl, das Bewusstsein der Gruppe oder irgendwelche objektive – reelle oder eingebildete – Merkmale, sondern vielmehr die Tatsache, dass die betroffene Gruppe in einer Situation von Dominanz durch andere leben muss.[19]

Migrant/innen[20]*- Bevölkerungsmigration.* Die Migrationsströme haben sich in den letzten 30 Jahren aber stark verändert. Tatsächlich findet in Westeuropa heute der Übergang von einer *Arbeitsmigration* zu einer *Bevölkerungsmigration* statt, deren wichtigste Form mittlerweile der Familiennachzug und deren wichtigster Motor aus der Perspektive der handelnden Menschen die Kettenmigration ist. Dies erklärt die Herausbildung von Migrationsgemeinden.

Migrantenfamilien werden im Aufnahmeland mit einer spezifischen Konstellation von Problemen konfrontiert (prekäre Beschäftigungsverhältnisse, unterdurchschnittliche Lebensstandards, Anfälligkeit für Diskriminierung nicht nur am Arbeitsmarkt, was insbesondere bei Migrantenkindern im Hinblick auf die Vererbung der Armut ausschlaggebend sein kann). Es ist auffallend, dass ethnische Minderheiten im Hinblick auf das Erleben von Ausgrenzung wiederholt zu den am meisten gefährdeten Gruppen gezählt werden.

Die Einwanderer aus Nicht-EU-Staaten und deren Familien haben nicht nur unter Fremdenfeindlichkeit und diskriminierendem Verhalten zu leiden, was sich oft auf ihr Alltagsleben auswirkt, sie erleben auch andere Formen von Ausgrenzung. Meist leben sie im Hinblick auf ihre schulische Bildung, ihre Situation auf dem Arbeits- und Wohnungsmarkt oder ihren Zugang zu sozialen Gütern in schlechteren Verhältnissen als die übrige Bevölkerung.

Zu all diesen Umständen gilt es noch die Hindernisse hinzuzufügen, die sie auf dem Wege zur politischen Teilhabe zu überwinden haben. Sie sind Gegenstand einer »aktiven Ausgrenzung«[21], die jeglichen Prozess einer Eingliederung in das Aufnahmeland extrem erschwert.

Jenseits dieser gravierenden Charakteristika kann über diese soziale Gruppe aus EU-Perspektive kaum etwas Gemeinsames gesagt werden. So vielfältig sind die Migrationsströme, die Eingliederungsstrategien der Menschen und die Migrationgeschichte der Aufnahmeländer in Europa heute.

Wer ist ein Migrant? Wenn wir die Perspektive wechseln und Migrant/innen nicht von den sozialen Strukturen her, sondern als handelnde Subjekte betrachten, dann wird eines eindeutig: Das Vokabel »Migrant« umfasst eine sehr heterogene Kategorie von Menschen, über deren Ansichten kaum allgemeine Äußerungen möglich sind. Das Einzige, das Migrant/innen auf alle Fälle gemeinsam haben, ist die Erfahrung, ihr Heimatland verlassen zu haben und in ein neues Land gezogen zu sein. Dazu zählen etwa Arbeitsmigrant/innen, Flüchtlinge, Familienangehörige, die später zu ihnen stoßen. Sie kommen aus sehr unterschiedlichen geografischen Räumen und sozialen Milieus. So vielfältig die Zuwanderungsströme heute geworden sind, so unterschiedlich sind die Menschen, die sie verkörpern.

Migrationsprozesse sind äußerst komplex. Oft wird übersehen, dass selbst Zugewanderte aus demselben Land eine genauso wenig homogene Gruppe darstellen wie die Bevölkerung der Aufnahmegesellschaft. Vor einer »Ethnifizierung« von Migrationsprozessen wird daher oft gewarnt.

Historische ethnische Minderheiten. Es ist praktisch unmöglich, heute über die europäischen Roma im Allgemeinen zu reden. Zu unterschiedlich ist die Situation der ca. zwölf Millionen Roma, die heute in Europa, insbesondere im Osten, leben: Allgemein übliche Klischeevorstellungen werden von der Realität laufend widerlegt: Nicht alle Roma sind Nomaden, noch Flüchtlinge, noch arm. Für sie ist es nicht dasselbe, in West- oder in Osteuropa zu leben.

Doch gibt es heute sehr wohl einige besondere Probleme, mit denen Angehörige dieser ethnischen Minderheit konfrontiert werden. Sie resultieren aus dem Zusammenspiel zwischen Xenophobie und sozialer Ausgrenzung. Obwohl diese beiden Prozesse nicht verwechselt werden dürfen, liegt es auf der Hand, dass sie einander meistens bestärken, insbesondere bei Minderheiten – wie etwa den Roma –, die so lange verfolgt[22] und stigmatisiert worden sind. Soziale Ausgrenzung führt zwar nicht unbedingt zu Xenophobie, das Zusammenspiel von sozialen und kulturellen Umständen wirkt aber als stabilisierender Faktor einer verbreiteten und längst eingewurzelten Fremdenangst. Dies erklärt, warum »die Xenophobie meistens die Logik der Entwertung mit der Logik der Differenzierung kombiniert[23]: Weil Roma »anders« sind, sei es auch normal, dass sie schlechtere Lebensbedingungen in Kauf nehmen müssen. Die Präsenz der Roma ist noch immer unauffällig, und dies aus historischen, demographischen, ökonomischen und politischen Gründen:

In einem Kontinent, in dem die Zugehörigkeit und damit die Formen der politischen Partizipation seit Jahrhunderten meistens mit dem Boden assoziiert worden sind und die politischen Gebilde sich nach wie vor stark durch Territorialität definieren, haben die Roma ihre Selbständigkeit immer wieder um den Preis der politischen Schwäche erkauft.

Zum Unterschied mit den Einwanderern stehen die Roma heute nicht im Mittelpunkt der Öffentlichkeit und fallen wahrscheinlich daher aus den politischen Agenden. Sie sind demografisch und ökonomisch nicht so relevant. Auch ihre Probleme sind verschieden. Migrant/innen sehen sich zusätzlich ausgeschlossen von politischen Rechten in den Ländern, in denen sie seit Jahren leben. Dagegen besitzen viele Roma – zumindest im Prinzip – die Staatsbürgerschaft der Länder, denen sie angehören. Die Frage ist, inwieweit dieser Status in der Praxis nicht ausgehöhlt wird, und zwar aufgrund einer Jahrhunderte langen Geschichte von sozialer Ablehnung seitens der Nicht-Roma Bevölkerung.

Verglichen mit anderen verfolgten historischen Minderheiten – wie etwa den Juden – sind das Lobbying der Roma und ihr internationaler Rückhalt schwächer. Die Versuche, sich zu organisieren, sind viel jünger. Erst im Jahr 1971 gab es den ersten Roma-Kongress in London, an dem Roma aus 14 Ländern teilnahmen. Dort gab man sich eine Flagge und eine Nationalhymne. Auf einem Kongress der Internationalen Roma-Union in Prag im Juli 2000 wurden die offizielle Anerkennung der Roma als Nation und die Einrichtung eines Welt-Roma-Parlaments sowie die Einrichtung eines Entschädigungsfonds für die NS-Opfer unter den Roma gefordert.

Insgesamt scheint die Situation von historischen ethnischen Minderheiten (Roma, Travellers) europaweit zu stagnieren. Sie erregen kaum die Aufmerksamkeit der Politik und der Forschung. Die Versuche, die sie unternehmen, um ihre Interessen an die Öffentlichkeit zu bringen, sind politisch sehr schwach. Wenn schon die Präsenz der Roma und »Travellers« unsichtbar ist, dann ist die Situation von Roma-Frauen praktisch unbekannt, selbst wenn einige Studien auf ihre besonders prekäre Situation hinweisen.[24]

Wachsende soziale und kulturelle Vielfalt. Änderungen in der Struktur der Migrationsströme und zunehmende Mobilität bewirken somit eine stärkere Differenzierung der Migrationsbevölkerung. So lässt sich in den EU-Staaten eine »wachsende Tendenz hin zu ethnischer, kultureller und religiöser Vielfalt« feststellen, »die durch internationale Migration und erhöhte Mobilität in der Union verstärkt wird«.[25] Die Frage ist, wie wir mit dieser Vielfalt umgehen können und wollen.

Zukunft des Sozialstaates

Im *Bericht über die Soziale Lage in der EU 2003* wird erneut die Bedeutung des Sozialstaates betont.

Im Zeitraum der letzten fünf Jahre hat sich die Möglichkeit der Mitgliedsstaaten, Unterstützung von der EU für ihre politischen Bemühungen zu bekommen, wesentlich verbessert. (NAPs)

Die Prozesse der makroökonomischen Koordinierung und der Beschäftigung wurden durch die Zusammenarbeit bei der Bekämpfung der sozialen Ausgrenzung und der Modernisierung der sozialen Sicherung ergänzt, was zur Bildung eines neuen Potenzials für ein schlagkräftiges Dreieck sich gegenseitig fördernder Wirtschafts-, Beschäftigungs- und Sozialpolitik geführt hat.

Hinter dem Begriff »europäischer Sozialstaat« verbergen sich sehr unterschiedliche Entwicklungsmodelle in den verschiedenen EU-Ländern.[26] Darüber hinaus verlaufen die Entwicklungsprozesse der unterschiedlichen europäischen Staaten nicht unbedingt in dieselbe Richtung. Diese Unterschiede, die nach Ansicht mancher Expert/innen immer größer werden, spiegeln sich in der Behandlung der Problematik von Armut und sozialer Ausgrenzung sowie in der Wahrnehmung der Familien wider, innerhalb derer bestehende Ungleichheitsdynamiken bestärkt oder geschwächt werden können.[27]

Die Sozialpolitik der EU-Institutionen scheint sich als Resultat komplexer Prozesse herauszukristallisieren. Zum einen sind die Entscheidungskompetenzen dieser Einrichtungen bezüglich Sozialpolitik extrem begrenzt, zum anderen ist der Einfluss unterschiedlicher Konzeptionen des »sozialen Europa« spürbar, die sich in der Substanz auf zwei reduzieren lassen: Die eine beruft sich auf die Prinzipien des politischen und ökonomischen Liberalismus; die andere sieht den Staat als unentbehrliche Regulationsinstanz. Somit sind die politischen Einrichtungen der Union nach unterschiedlichen Entwicklungsphasen zu einem »Kompromiss zwischen beiden Polen« gekommen.[28] Daraus erklärt sich der noch immer offene Charakter der Debatte um das »soziale Europa«.

Das alles heißt noch lange nicht, dass der Sozialstaat in den EU-Ländern verschwindet. Die meisten EU-Bürger/innen (91 Prozent) unterstützen die Systeme der Sozialdienste und geben an, dass die Armen nicht gut geschützt sind (77 Prozent). Darüber hinaus sind sich viele Politiker/innen und Unternehmer/innen dessen bewusst: Ohne einen hohen Grad an sozialer Integration können weder soziale Kohäsion noch sozialer Friede erreicht werden. Und ohne Kohäsion und Frieden wird es für die EU-Länder kaum möglich sein, sich an die neuen Erfordernisse einer globalisierten Weltwirtschaft anzupassen.

Der Sozialstaat wird daher wahrscheinlich nicht abgebaut werden, er kann aber politisch schwach werden. Einige Indikatoren für diese politische Schwäche wären eine Pluralität von Formen des sozialen Schutzes; d. h. De-facto-Ungleichheiten beim Zugang zu den Diensten und Leistungen des Sozialstaates; eine stärkere Präsenz des Marktes in den sozialen Leistungen; eine Entwertung der Bürgerschaft und dafür eine Betonung der individuellen Inanspruchnahme von Sozialleistungen.

Politische Institutionen und Ordnungen, mit denen wir vertraut sind, sind deshalb kein Dogma. Sie werden sich im Laufe der Zeit ändern. Die Frage ist: Zu welcher Qualität von Änderungsprozessen tragen wir mit unserem Tun bei. Dies mag wie eine Makrofrage klingen. Ich bin aber zunehmend der Ansicht, dass diese politische Perspektive immer wieder bei politischen Stellungnahmen sowie bei der Definition und Planung von konkreten lokalen Projekten nicht aus den Augen verloren werden darf: Wir können nur Schritte tun, wenn wir wissen, wohin wir gehen.

Herausforderungen

Ein offenes Projekt

Die Erweiterung der EU sowie der Aufbau Europas als Interessengemeinschaft ist vielfältig und enorm komplex. Er betrifft alle Dimensionen des menschlichen Lebens: wirtschaftliche und soziale Verhältnisse, politische Sachverhalte, kollektive Vorstellungen sowie das Alltagsleben. Inmitten dieser eindeutigen, für manche sogar überfordernden Komplexität erscheinen jedoch zwei Punkte klar:

Erstens: Wie jeder andere tief greifende historische Prozess ist auch dieser ein offener: Kein »happy end« ist garantiert. Und auch kein schreckliches Ende. Die EU-Erweiterung kann einen großartigen Beitrag zur Verbesserung des Lebens von Menschen leisten, die heute in Europa und auch in anderen Ländern leben, kann kippen oder kann auch zu eher zögernden, wenig definierten Änderungsprozessen führen, ohne deshalb Erneuerung, Innovation oder neue Antworten auf aktuelle Probleme mit sich zu bringen.

Zweitens: Die Zukunft Europas betrifft nicht nur uns alle, sie hängt auch von uns allen ab. Es wäre völlig falsch, die EU-Erweiterung für eine reine Sache der Politiker/innen zu halten. Diese Ansicht kann nur vertreten werden, wenn Menschen bereits von Skepsis gegenüber dem öffentlichen Bereich (res publica) erfasst sind. Oder wenn politische Interessen vorliegen, denen zufolge das Projekt EU zur Angelegenheit von fernen, anonymen und volkesfremden Bürokraten erklärt – und dabei entwertet – wird.

So unentbehrlich auch immer der Beitrag von politischen Kadern und Einrichtungen zur EU-Erweiterung ist, garantiert dieser doch bei weitem noch nicht den Aufbau – umso weniger den Ausbau – einer Interessen- und Solidaritätsgemeinschaft von ca. 500 Millionen Menschen. Und dies aus vielen Gründen, zu denen insbesondere historische und soziale Faktoren zählen. Im Unterschied zu anderen politischen Gebilden resultiert die Europäische Union aus der Harmonisierung einer Vielfalt von alten politischen und kulturellen Traditionen. Aus den jeweiligen Erfahrungen in der Zeit zwischen 1945 und 1989 erklären sich auch unterschiedliche Sensibilitäten – etwa in Sicherheitsfragen –, Stärken und Schwächen.

Heute ist die EU-Erweiterung ein noch nicht fertiges Projekt, das der Koordination unterschiedlicher Kompetenzen und der Bedachtnahme auf oft gegensätzliche Interessen bedarf. Und dies alles wird von gemeinsamen Einrichtungen getragen, die in wesentlichen Bereichen nur über beschränkte Befugnisse verfügen. All diese Umstände sprechen für die Bedeutung der Zivilgesellschaft.

Eine aktive Zivilgesellschaft

Eine aktive, dynamische und zukunftsorientierte EU-Erweiterung kann nicht auf dem Handeln von spezialisierten Institutionen und deren Fachpersonal basieren. Sie ist vielmehr auf die Massenmedien, auf Multiplikatoren sowie auf die EU-Bürger/innen selbst angewiesen.

Was aber ist die Zivilgesellschaft? Hier seien um der Klarheit willen nur kurz einige Punkte dargelegt.

Der Begriff ist eine Übertragung aus dem Amerikanischen (»civil society«), das dahinter stehende Konzept hingegen älter. Es geht in der Substanz um ein Erbe der Aufklärung, eine Gesellschaft von Bürger/innen, selbstständigen Individuen, die sich an folgenden Wesenszügen erkennen lässt: Orientierung am Gemeinwohl, demokratisches Denken und Handeln, Interesse an politischer Öffentlichkeit und Respekt vor kultureller Vielfalt. Manche Autor/innen betonen deshalb ihren utopischen Charakter: Zivilgesellschaft stünde für einen noch nirgendwo realisierten Entwurf menschlichen Zusammenlebens.

Eine derart hohe Latte von Idealen wird im Alltag zwar selten erreicht, die Prinzipien gestalten aber das Leitbild demokratischer Gesellschaften, die in der Praxis nur existieren können, wenn zwischen Individuum und Staat ein reiches Gefüge von Initiativen und Organisationen steht, die sich nicht auf private Belange beschränken, sondern sich auch in öffentliche Angelegenheiten einmischen. Durch die Zivilgesellschaft werden öffentliche Austauschprozesse ermöglicht und bereichert, Einrichtungen angespornt und sehr oft auch offene Probleme in Angriff genommen, für die es noch keine institutionellen Antworten gibt.

Aus dieser Perspektive versteht sich die Bedeutung der Zivilgesellschaft hinsichtlich der EU-Erweiterung: Je komplexer und offener politische Prozesse, je wichtiger die zur Diskussion stehenden Fragen sind, desto unentbehrlicher wird die Beteiligung der Bürger/innen. Wie Danzin vor kurzem betont hat: »Europa wird nicht mit politischen Institutionen aufgebaut, selbst wenn dazu solide, gute Einrichtungen unbedingt notwendig sind. Europa wird durch die Praxis gemacht. Da liegt die Hoffnung.«

Welche Lebensqualität wollen wir?

Abschließend kehre ich zu einer Frage zurück, die am Anfang gestellt wurde: Was ist für uns (für mich) Lebensqualität? Was verstehe ich darunter? Um diese Frage kommen wir nicht herum, da der Begriff »Lebensqualität« ein normativer ist, in dem viele persönliche Prioritäten, Bewertungen und Interessen – meistens implizit – beinhaltet sind.

Wenden wir uns dem Menschenbild zu, das uns im Ökumenischen Sozialwort der Österreichischen Kirchen dargelegt wird, dann kommen wir immer wieder auf eine deutliche Antwort:

Menschen entwickeln sich als solche, wenn sie an Freiheit und an Verantwortlichkeit füreinander wachsen. Zwischen Individualität und sozialer Bezogenheit gibt es keinen Widerspruch, sondern vielmehr eine innige Verbindung.

Alle Menschen haben das Recht, sich als solche zu entwickeln. Niemand ist vom Projekt *Mensch-Werden* ausgeschlossen!

Aus dieser Perspektive können einige Wesenzüge des Sozialwortes sehr gut verstanden und auch als Aufforderung an jede/n von uns akzeptiert werden:

1. Inhaltliche Akzente

Die Bedeutung der Bildung (mehr als Wissen, immer mehr als Ware).

Die Bedeutung der Lebensverbindungen und der Beziehungsfähigkeit auf unterschiedlichen Ebenen.

Die Untrennbarkeit von Arbeit, Wirtschaft und sozialer Sicherheit.

Die enge Koppelung zwischen Frieden und Gerechtigkeit nicht nur auf lokaler, nationaler und europäischen Ebene, sondern auch weltweit.

Die Option für die Armen und Benachteiligten als Priorität der Kirchen.

2. Zeitliche und räumliche Perspektive

3. Eine dreifache Aufforderung an uns

Uns mit sozialen Fragen auseinander zu setzen.

Antworten als Selbstverpflichtungen und als Forderungen an andere Mitglieder unserer Gesellschaft zu geben.

Den Dialog und die Zusammenarbeit mit Andersdenkenden nie abzubrechen.

Anmerkungen

1Der Europarat ist die älteste politische Einrichtung des Kontinents, gegründet 1949.

2 Eurostat, 2003

3 Ebd. S. 11.

4 Eurostat, 2001, S. 19.

5 Goldberg u. a. 2002, S.122.

6 Vgl. Bieling/Hans Jürgen (Hg.): Arbeitslosigkeit und Wohlfahrtsstaat in Westeuropa: Neun Länder im Vergleich. Forschungsgruppe der Europäischen Gemeinschaft (FEG) Marburg 1995. Zitiert in: Ruckstuhl (o. A.)

7 Europäisches Parlament (2000): Einleitung, I, 5.

8 Europäische Kommission (1998).

9 1986 begann die Kommission ihr Programm »Die soziale Ausgrenzung bekämpfen« (*Combattre l'exclusion sociale*) und ab dann übernahm sie diesen Begriff. 1996 rief der Europarat (Council of Europe) das internationale Projekt HDSE – *Human Dignity and Social Exclusion* ins Leben. 1997 wurde der Kampf gegen soziale Ausgrenzung im Vertrag von Amsterdam (Artikel 136 und 137) verankert.

10 Leibfried und Voges (1992), S. 18. Kronauer 1998a.

11 Geremek 1978 (1991), insbes. SS. 23–24ff. Castel 1996. Kronauer 1998a. Siehe auch die Zusammenfassung von J. G. Pétit 1999, SS. 1–16.

12 Laparra Navarro, 1998.

13 Commission des Communautés Européennes, S. 5.

14 Schnapper 1994, SS. 202, 14–15.

15 Kronauer 1998b, S. 124.

16 Commission Européenne Justice et Affaires Intérieures, 1998.

17 Castells, 1998, S. 69.

18 Fernández de la Hoz, 1999, S. 386.

19 Heckmann, 1992, S. 57.

20 Dazu siehe eine Einführung in: Fernández de la Hoz, 2003, u. a. Zum Begriff »Integration« siehe: ebd. 2003. Zur Situation von Migrantenfamilien in Österreich siehe Pflegerl/Fernández de la Hoz, 2003.

21 *»Indeed in much of Europe, legally settled immigrants do not have the political right to vote because of the difficulties and delays in acquiring citizenship. This keeps them outside the political process in a systematic way – this is clearly an active exclusion.«* (Sen, 2000, S. 16).

22 San Román, 1997, S. 1ff.

23 Wiewiorka, 1996, S. 351.

24 Save the Children, 2002 (o. A.). Zur »schamlos schlechten« Schulsituation von Roma-Kindern vgl.: Europäische Union (1989).
25 Europäische Kommission 2001, S. 7
26 Wie bereits die Typologien von Tittmus (1974) und Esping Andersen (1990) gezeigt haben. Vgl. Fernández de la Hoz, 2002, S. 8.
27 Ebd. SS. 38–42.
28 Commission Européenne 1996. Fernández de la Hoz, S. 2002: 10. Vgl. Auch Faugère, 2000, SS. 219–237.

Literatur

Bukow, W.-D.: Die Familie im Spannungsfeld globaler Mobilität. Zur Konstruktion ethnischer Minderheiten im Kontext der Familie, in: H. Buchkremer, W.-D. Bukow, M. Emmerich (Hg.). Opladen 2000, SS. 9–18.

Butterwegge, C.: Zuwanderung und Wohlfahrtsstaat im Zeichen der Globalisierung – antagonistischer Widerspruch oder nützliche Wechselbeziehung? Zuwanderung im Zeichen der Globalisierung, in: C. Butterwege and G. Hentges. Opladen 2000, SS. 258–286.

Castel, R.: Les marginaux dans l'histoire. L'exclusion – L'état des savoirs, in: S. Paugam. Paris 1996, SS. 32–41.

Castells, M.: The Information Age: Economy, society and culture. Volume III: End of millenium. Oxford 1998.

Commission Européenne – Direction Génerale d'Education et Culture: Pour une Europe Sociale. RCC-91-95-560-FR-C. Bruxelles 1996.

Commission Européenne – Justice et Affaires Intérieures (1998): Traite des femmes. Le miroir aux alouettes: de la pauvreté à l'esclavage sexuel. Une stratégie européenne globale. C. Européenne. Bruxelles, 2001. 30.4.2001.

Commission des Communautés Européennes (1.3.2000). Communication de la Commission: Construire une Europe de l'inclusion. C. d. C. Européennes. Bruxelles. 30.4.2001. http://europa.eu.int/comm/commissioners/diamantopoulou/doc/COM_2000_0079_F_FR_ACTE.pdf: 1.1.2003.

Europäische Kommission (1998): Indikatoren für Wissenschaft und Technologie Nr. 19 – Juni–Juli '98. http://europa.eu.int/comm/research/rtdinf19/19d04.html: 1.1.2002.

Europäische Union (1989): Entschließung des Rates und der im Rat vereinigten Minister für das Bildungswesen vom 22. Mai 1989 zur schulischen Betreuung von Kindern von Sinti und Roma und Fahrenden. Amtsblatt Nr. C 153 vom 21/06/1989 S. 0003 – 0004. (Doc. 489Y0621(02).

Europäisches Parlament: Einleitung, I, 5. Europäischer Rat 23. und 24. März 2000 Lissabon 2000. Schlussfolgerungen des Vorsitzes 2000. (Elektronische Publikation) http://www.europarl.eu.int/summits/lis1_-de.htm: 1.1.2002.
Eurostat: La situation sociale dans l'Union Européenne 2000. Luxembourg 2001.
Eurostat: Die soziale Lage in der Europäischen Union 2001. Luxembourg 2002.
Eurostat: Die soziale Lage in der Europäischen Union 2002. Luxembourg 2003.
Faugère, J.-P. : La régulation sociale dans la construction européenne. Maîtriser la mondialisation. La regulation sociale internationale. P. De Senarclens. Paris 2000, SS. 217–241.
Fernández de la Hoz, P.: Migrantenfamilien und Integration in den EU-Mitgliedstaaten – Bericht an das Europäische Observatorium für Demographie, Familie und Soziales. Wien 2000: ÖIF, Schriftenreihe Nr. 10. (Publikation auch online: http://europa.eu.int/comm/employment_social/eoss/downloads/schrift10.pdf)
Fernández de la Hoz, P.: Familienleben und Migration, in: Das Online Familienhandbuch der Bayrischen Regierung, Hg. Wassilios E. Fthenakis und Martin R. Textor 2003. http://www.familienhandbuch.de/cmain/f_Aktuelles/a_Elternschaft/s_1026.html: 1.6.2003
Fernández de la Hoz, P. & J. Pflegerl: Familienleben und Arbeitslosigkeit. Zur Situation von Familie und Familienpolitik in Österreich. 4. Österreichischer Familienbericht – Familie zwischen Anspruch und Alltag. Wien, Bundesministerium für Umwelt, Jugend und Familie 1999, SS. 382–399
Geremek, B.: Litosc i szubienica. Dzieje nedzy i milosierdzia w Europie. 1978 (deutsche Aufl.: Geschichte der Armut – Elend und Barmherzigkeit in Europa). München 1991).
Goldberg, C., Kratzer U. u. a.: Familie als Beziehung zwischen den Geschlechtern und Generationen, in: Die europäische Seele – Leben und Glauben in Europa. H. Denz. Wien 2002, SS. 119–147.
Heckmann, F.: Ethnische Minderheiten, Volk und Nation. Stuttgart 1992.
Kronauer, M. (1998a): Armut, Ausgrenzung, Unterklasse, in: Groß-stadt-soziologische Stichworte. H. Häußermann. Opladen 1998, SS. 13–27.
Kronauer, M. (1998b): »Exklusion« in der Armutsforschung und der Systemtheorie, in: Anmerkungen zu einer problematischen Beziehung. SOFI-Mitteilungen Soziologisches Forschungsinstitut Göttingen 26, 1998, SS. 117–125.
Laparra Navarro, M.: Una perspectiva de conjunto sobre el espacio social de la exclusión: El caso de Navarra en el contexto español de

precariedad integrada. C.-U. d. P. Comparadas. Madrid 1998, Documento de Trabajo 00-05, 27.
Leibfried, S./W. Voges (1992): Vom Ende einer Ausgrenzung? – Armut und Soziologie, in: Kölner Zeitschrift für Soziologie und Sozialpsychologie Sonderheft 32 (1992), SS. 9–33.
Petit, J.-G.: Pauvreté et marginalité: exclusion et integration sociale dans l'histoire, in: Intégration et exclusion sociale d'hier à aujourd'hui. J.-G. Petit (edit.). Paris 1999.
Pflegerl, J. /Fernández de la Hoz P.: Familienleben, Schnittstelle zwischen Öffentlichem und Privatem, in: Fassmann, H. und Stacher, I. (Hg.): 1. Österreichischer Migrations- und Integrationsbericht, Demographische Entwicklungen. Klagenfurt 2003.
Ruckstuhl, Astrid: Ursachen und Folgen der Langzeitarbeitslosigkeit (elektronische Publikation) Soziologisches Institut der Universität Zürich. http://socio.ch/arbeit/index_arbeit.htm: 12.11.2002.
San Román, T.: La diferencia inquietante. Viejas y nuevas estrategias culturales de los gitanos. Madrid, Siglo XXI, 1997.
Schnapper, D. (1994): La Communauté des citoyens. Sur l'idée moderne de nation. Paris 1994.
Save the Children, 2002: Denied a future? (http://193.129.255.93/development/reg_pub/uk_eur.htm: 1.1.2002).
Sen, A. (1997): Inequality, unemployment and contemporary Europe, in: International Labour Review 136, 2 (1997), SS. 155–172.
Wiewiorka, M.: Racisme et exclusion, in: L'exclusion – L'état des savoirs. S. Paugam. Paris 1996, SS. 344–353.
Withol de Wenden, C.: Faut-il ouvrir les fronti/ères? Paris 1999.

Werte in Europa – Anknüpfungspunkte für die Pastoral

Paul M. Zulehner

Es war wenige Jahre nach der Wende. Der Rat der Europäischen Bischofskonferenzen (CCEE) hatte Europas Bischöfe 1992 zu einem Symposium nach Prag zusammengerufen. Als Thema war gewählt worden: »Das Evangelium leben im Umkreis von Freiheit, Gerechtigkeit und Wahrheit«. Europas Bischöfe haben damit den »Kontext« der kirchlichen Arbeit für jenes Europa angegeben, das nach dem »Fall des Kommunismus« sich anschickte, eine neue Ordnung zu geben.

Die Bischöfe haben treffsicher entschieden. Denn Europas neuere Geschichte ist von einem Ringen um »Freiheit« geprägt. Freiheit aber stand in Europa immer in einer produktiven Spannung zur Gerechtigkeit. Und nicht zuletzt bedenkt Europa seit seinem Bestehen die Frage, was der Mensch ist, was den Sinn seines Lebens ausmacht. Es waren in Prag die Osteuropäer, die dies aus den Erfahrungen mit dem Kommunismus kommend an den Begriff der Wahrheit festgemacht hatten – Wahrheit als Gegenbegriff zu jenem vergangenen System, das auf Lüge aufbaute, wie Vaclav Havel in seiner berühmten Schrift »Versuch, in der Wahrheit zu leben« (1980) dargelegt hatte.

Im Folgenden übernehmen wir diese drei Themen der Europäischen Bischofsversammlung und versuchen damit jene »Werte« zu beschreiben, die für eine Europäische Pastoral kontextuelle Anknüpfungspunkte sind. Näherhin geht es um

Freiheit versus Totalitarismus
Gerechtigkeit versus Entsolidarisierung
Wahrheit versus Vernützlichung

Freiheitsrevolutionen und eingestreute Totalitarismen

Europas neuere Geschichte ist durch die Abfolge einer Reihe von Freiheitsrevolutionen geprägt: 1689 wurden im angelsächsischen Raum im Bill of Rights Freiheitsrechte formuliert. Die Französische Revolution setzte vor die Gleichheit und Brüderlichkeit an die Spitze ihrer Ideale die liberté. 1848 und 1867 waren in einigen wichtigen Staaten Europas weitere Schritte in Richtung Freiheitlichkeit. In diese Zeit der Etablierung »liberaler Freiheiten« fällt die scharfe Ablehnung eben dieses Freiheitsentwurfs durch Papst Pius IX. in dessen berühmter Enzyklika *Syllabus* (1864).

Einen massiven »Gegenschlag« gegen die Freiheitsentwicklung stellen die Totalitarismen des 20. Jahrhunderts dar. 1917 revolutioniert Lenin Russland, 1945 wird Osteuropa in den kommunistischen Herrschaftsbereich eingenötigt. Das andere Gesicht des europäischen Totalitarismus trugen die faschistischen Regime, allen voran der Nationalsozialismus Hitlers. 1945 ging der Faschismus unter, 1989 der Kommunismus. Der Weg in ein »freiheitliches Europa« war damit erstmals frei. Die Europäische Union will dieses Freiheitsprojekt realisieren und dauerhaft sichern.

Achtundsechziger Revolution

Auf dem Weg dorthin erwies sich bis heute die Achtundsechziger Revolution als wichtiger Entwicklungsschub mit zwiespältigen Folgen. Das Ziel dieser von Studenten ausgelösten kulturellen Revolution war der Abbau ererbter Fremdsteuerungen und der Ausbau von Selbststeuerung nicht nur für die intellektuelle Elite, sondern für die Massen. Als Agenten der »repressiven« Fremdsteuerung wurden Institutionen, Normen und Autoritäten diagnostiziert und in eine tiefe Krise gestürzt. Diese Revolution war in hohem Maße erfolgreich. Heute sagen in europäischen Umfragen 80–90 Prozent der Bevölkerung, dass sie ihr Leben so leben möchten, wie sie es für richtig erachten. Zumindest in den privaten Lebensbereich will sich niemand mehr etwas dreinreden lassen: übrigens auch die Mitglieder der katholischen Kirche nicht, wie die Rezeption der just im Jahr der Achtundsechziger Revolution veröffentlichten Enzyklika *Humanae vitae* durch die Katholikinnen und Katholiken belegt.

Bemerkenswert ist, dass wenige Jahre zuvor schon das Zweite Vatikanische Konzil die Verwerfung der liberalen Freiheitskonzeption durch den Syllabus aus dem Jahr 1864 in seinem 1965 beschlossenen Dekret über die Religionsfreiheit überwunden hat. Die Unterdrückung von Christen in totalitären Systemen hat zu diesem Einsatz für die Religionsfreiheit erheblich beigetragen. Manche vermuten, dass diese klare Option der katholischen Kirche für die religiöse Freiheit (wie in *Gaudium et spes* für die menschliche Freiheit insgesamt) die kulturelle Achtundsechziger Revolution durchaus mitbegünstigt habe.

Die errungene Freiheit gilt allerdings heute, 35 Jahre nach dem Beginn der studentischen Revolution, nicht mehr als problemfrei. Nachweislich nimmt heute gerade in fortgeschrittenen Freiheitskulturen die Zahl jener Personen zu, welche die lästig werdende Last der Freiheit wieder loswerden wollen. Dafür gibt es erkennbare Gründe.

Auf der einen Seite wächst die »Unübersichtlichkeit« (Jürgen Habermas). Immer weniger Menschen können vorhersehen, wie ihr privates Leben, wie ihr Arbeitsleben, wie vielleicht überhaupt der Gang der Welt weiter verlaufen werde.

Solche Unsicherheit verlangt auf der anderen Seite nach wachsender Daseinskompetenz. Das derzeitige Familiensystem (vor allem die Abwesenheit der Väter bei den heranwachsenden Kindern), eingebettet in eine verwöhnende Konsumkultur, fördere aber eher Ich-schwache Personen.

Beides führe dazu, dass die im Zuge der Freiheit privaten Lebensrisiken offensichtlich immer mehr Personen überfordern. Freiheit ist zur einsamen »riskanten Freiheit« geworden (Ulrich Beck). Das macht die sich ausweitende Freiheitsflucht inmitten der Freiheitskulturen verstehbar. Die Freiheitskultur scheint dabei zu sein, ihre eigene Totengräberin zu werden. Das erklärt auch die freiheitsflüchtigen Bewegungen im politischen und religiösen Bereich, hin zu neuen Führern, populistisch-autoritären Sprachspielen, fundamentalistischen Weltanschauungen und geschlossen-sektoiden religiösen Gruppen. (Und es entwickeln sich heute versteckte totalitäre Zugriffe etwa im Konsumverhalten, in den Biowissenschaften, mancherorts in der Verwaltung.)

So hat sich die Lage der Freiheit in den Jahren nach der Achtundsechziger Revolution merklich verändert. Wollte man damals die Menschen vor repressiven Institutionen, Normen und Autoritäten schützen, muss man heute die Freiheit vor repressiver Vereinsamung bewahren.

Freiheit nach dem Kommunismus

Anders stellt sich die Lage in den jungen freiheitlichen Reformgesellschaften des ehemaligen kommunistischen Machtbereichs dar. In den Jahren des Kommunismus ist die Sehnsucht nach Freiheit gewachsen. Anwälte und Anwältinnen der Freiheit waren die intellektuellen Dissidenten. Sie haben in den Kirchen einen Raum gefunden, der oasenartige Freiheitsinseln darstellte.

Es gibt nicht wenige gute Gründe dafür zu vermuten, dass es eher der Widerstand gegen den sie verfolgenden Kommunismus war, der die Kirchen zur Offenheit für die freiheitsliebenden Dissidenten veranlasst hat. Nach dem Fall des Kommunismus haben die Kirchen einen durchaus sozialpsychologisch gesehen »nützlichen« Außenfeind verloren, der zur Sicherung des inneren Zusammenhalts, aber auch als Begründung für das Unterlassen von Reformen (auch jener des Zweiten Vatikanischen Konzils) herangezogen worden war. Könnte es sein, dass nunmehr der »westliche Liberalismus« die Rolle des Außenfeindes übernommen hat? Das wäre schade, weil dadurch eine Differenzierung zwischen Liberalismus und Liberalität, wie sie Kardinal Ratzinger vorschlägt, unterbliebe und die Kirchen in Ost(Mittel)Europa ihren Geruch der Freiheitlichkeit verlieren würden.

Die jungen Reformstaaten, die dabei sind, das kommunistische Wirtschaftssystem durch das kapitalistische auszuwechseln und in Ermangelung ausreichender Ressourcen dieses kapitalistische System kaum sozial abfedern können und daher sich auf dem geplanten Weg in eine europakonforme ökosoziale Marktwirtschaft sehr schwer tun, erleben eine angesichts der gewonnenen Freiheit nicht überraschende Kommunismusnostalgie. Die Zahl der Menschen ist – nach Ländern sehr unterschiedlich – beträchtlich, welche meinen, dass die Menschen in der Zeit des Kommunismus am glücklichsten waren. »Brot ist den Menschen wichtiger als Freiheit«, langfristig zumindest, so einfühlsam in die Leiden der Modernisierungsverlierenden formulierte der Erzbischof von Prag, Miroslav Kardinal Vlk auf dem Prager Symposium 1992. Die Analysen belegen seinen Verdacht. Kommunismusnostalgisch und in diesem Sinn skeptisch gegenüber den neuen freiheitlichen Gesellschaften sind jene Personen, die nicht in der Lage sind, jene Erwerbsarbeit zu finden, mit der sie auch ihre Familie ernähren können.

Hier kündigt sich bereits das nächste Thema an: Die Frage nach der Gerechtigkeit, die mit jener nach der Freiheit unlösbar verbunden ist. Der Weg in die Freiheit, so die postkommunistischen Erfahrungen, wird umso eher nachhaltig gelingen, wenn er zugleich ein Weg in mehr Gerechtigkeit ist. Europa – so die Folgerung – wird nur dann als Freiheitsprojekt gelingen, wenn es zugleich ein erfolgreiches Gerechtigkeitsprojekt ist.

Zusammenfassung

1. Ohne Ringen um die Ausweitung der Freiheitsgrade (und in diesem Sinn um Demokratisierung aller Lebensbereiche) ist das neuzeitliche Europa nicht zu verstehen. Dabei lassen sich große Erfolge verzeichnen: in einer langen Geschichte von Freiheitsrevolutionen ist heute erstmals der gesamte Kontinent strukturell »freiheitlich«. Allerdings ist der Zustand dieser freiheitlichen Demokratien durchaus verschieden: manche erweisen sich als stabil, andere als labil. Dazwischen finden wir Demokratien mit dem Ruf nach Experten oder mit stärkeren autoritären Neigungen. Freiheit ist somit ein hehres Ziel: Der erreichte Zustand hingegen erweist sich immer noch als labil. Das Ost-West-gefälle ist dabei nicht zu übersehen.

2. Diese Labilität trifft auch auf die einzelnen Personen in Europa zu: Sie wollen keine Untertanen mehr sein – es ist vielen aber auch nicht leicht, Freiheitskünstler/innen[1] zu sein.

3. Nach dem immer schon freiheitsbedachten Protestantismus hat auch der Katholizismus einen Schritt in Richtung Freiheitlichkeit gemacht: Freiheit ist nicht mehr eine Bedrohung des Glaubens, sondern von Gott zugemutete Selbsterschaffung und Voraussetzung für wahre Gläubigkeit.

4. Künftig wird es (auch in der Pastoral) nicht nur um Freiheitsstrukturen gehen, sondern um die Freiheitsfähigkeit der Bevölkerung: durch sanfte Reinstitutionalisierung (Institutionen entlasten auch), durch Renormierung (in der Gestalt einer leidpräventiven Moral) und durch eine neue Wertschätzung von Autorität (in deren Umkreis Leben auf- und nicht umkommt).

Am Beginn des 19. Jahrhunderts beobachtete der Sozialphilosoph Jean Baptist Lacordaire (1802–1865), dass die neue Freiheit der englischen Fabriksherren noch keine Freiheit des ausgebeuteten Industrieproletariats ergebe. Er folgerte daraus: *»Man muss der Freiheit immer Gerechtigkeit abringen.«*

Alte Soziale Frage

Dieses Ringen um mehr (soziale) Gerechtigkeit ist das zweite Merkmal europäischer Werteentwicklung. An der Lösung der alten Sozialen Frage des 19. Jahrhunderts kann dies gut abgelesen werden. Zu dieser Sozialen Frage war es aus dem Zusammenspiel vieler Kräfte gekommen. Wichtig war der geistige Umbruch, der unter dem Zeichen des Nominalismus lief, einer philosophischen Konzeption, die einen anderen Zugang zur Wirklichkeit eröffnete. Revolutionär wirkte sich die Erfindung der Dampfmaschine aus, weil sie nicht nur die Art der Güterproduktion revolutionierte, sondern in der Folge auch das gesamte gesellschaftliche Gefüge von einer ständisch organisierten zu einer Klassengesellschaft veränderte. Politische Revolutionen begleiteten diesen gesellschaftlichen Umbruch.

Europa hat auf dem Weg der oftmals kämpferischen und kriegerischen Lösung dieser alten Sozialen Frage (auch der Kommunismus ist ein Teil dieser Entwicklung) den Sozialstaat errungen. Er ist ein europäisches Markenzeichen geworden, ohne ihn wäre das moderne Europa nicht, was es ist.

Neue Soziale Frage

Diese sozialstaatliche Errungenschaft ist in vielen Ländern Europas heute aus jenem Paket von Gründen gefährdet, die man die Neue Soziale Frage unserer Zeit nennen kann und soll. Diese neue Soziale Frage ist vieldimensional. Der geistige Hintergrund ist Säkularität in Verbindung mit einem weithin ungebremsten Fortschritts- und Wachstumsglauben. Die technische Innovation ist der Mikrochip und gestützt auf ihn die Informatisierung aller wichtigen Lebensbereiche. Auch dadurch wird das soziale Gefüge merklich verändert. Die ererbten Wohltaten des Sozialstaates federn einstweilen die neuen sozialen Probleme ab: doch sind auf Grund der rasanten Ausweitung der Freiheitsgrade im Bereich von Finanzen und Wirtschaft die nationalen Sozialstaaten in immer größere Finanzierungsprobleme geraten. Sie zwingen, um den Erhalt zu sichern, zu einem Umbau, der von vielen auch als Abbau erlebt und erlitten wird. Es ist offen, ob sich auf diese Weise nicht auch, wie in Zeiten der alten Sozialen Frage, nach und nach politischer Sprengstoff ansammelt. So gilt, was Lacordaire vor zwei Jahrhunderten gefordert hatte: »Man muss der (neuen) Freiheit (neuerlich) Gerechtigkeit abringen.«

Diese neue Soziale Frage hat noch weitere Facetten. Solche zu erkennen erleichtert das Nachdenken über einen wegweisenden Satz von Hans Magnus Enzensberger, der zur Analyse sozialer Entwicklungen außerordentlich hilfreich ist: »Selbst in reichen Gesellschaften kann morgen jeder von uns überflüssig werden. Wohin mit ihm?«[2]

Überflüssig zu werden droht, wer in einer Arbeitsgesellschaft nicht arbeitet, in einer Konsumgesellschaft nicht kauft, in einer Erlebnisgesellschaft nicht erlebt, in einer Wissensgesellschaft nicht weiß bzw. das rasch verfallende (berufliche) Wissen nicht rasch genug erneuert und wer in einer Biowissenschaftsgesellschaft nicht die richtigen Gene hat.

Mit Hilfe dieser Kriterien sind auch die Personengruppen moderner Gesellschaften erkennbar, die gefährdet sind, überflüssig zu werden. Es sind u. a. die unproduktiven teuren Sterbenden, für die »sozialverträgliches Frühableben« geplant wird – das Instrument dafür ist die Liberalisierung der Euthanasie; in Gefahr, überflüssig zu werden, sind – in einer tendenziell neodarwinistischen Kultur, in der nur die Gesunden und die Starken zählen – die Behinderten; dazu gehören die Langzeiterwerbslosen als die wohl größte Gruppe der Modernisierungsverlierer. Es sind aber auch die Kinder, die das Lifedesign von erwachsenen Männern und Frauen immer mehr stören. Nicht zuletzt werden ganze Kontinente überflüssig, wie etwa das AIDS-geplagte Afrika.

Diese neue Soziale Frage fordert die politisch Verantwortlichen in hohem Maße. Sie muss aber auch zum Thema der Pastoral werden, wenn die Kirche es zu ihren Aufgaben zählt, Kirche in der Welt von heute, im Europa von heute zu sein.

Wahrheit versus Vernützlichung

Europa verdankt viele Errungenschaften dem Christentum in seiner Auseinandersetzung mit dem Judentum und dem Islam. Dabei geht es im Horizont des ganzen Europa nicht nur das Christentum in seiner westlichen Ausprägung als Katholizismus und Protestantismus, sondern auch um seine östlichen Varianten in den orthodoxen Kirchen.

Säkularisierung – Spiritualisierung

Dem Christentum »verdankt« Europa aber auch seine Säkularisierung. In keinem anderen Kontinent hat die Modernisierung zu einer religiös-kirchlichen Krise geführt wie in Europa. Zum einen Teil ist Säkularisierung ein Ausdruck für die Entinstitutionalisierung der Religion. Sie wurde, auch aus friedenspolitischen Gründen, zur Privatsache. Doch hat die moderne Kultur der privatisierten Religiosität zugesetzt. Europäische Studien belegen, dass die Zahl jener Menschen in Europa weltweit gesehen am größten ist, welche sich selbst atheistisch oder atheisierend verstehen und selbst die Existenz eines allgemein konzipierten »höheren Wesens« ablehnen. Noch mehr: Im Herzen des ehedem christentümlichen Europa finden wir heute – neben durchaus religiösen Kulturen (wie in Malta, Kroatien, Polen oder Irland) – »atheisierende Kulturen« (Tschechien, Ostdeutschland, Estland, Frankreich, Belgien) mit sehr hohen Anteilen von »Atheisierenden«.[3]

Neben solchem kognitiven Atheismus gibt es in Europa einen viel weiter verbreiteten Alltagsatheismus. Es ist ein Lebensstil, der nicht primär von der Gottesleugnung lebt, sondern von der intensiven Konzentration der Lebensenergie auf die vermeintlich allein verfügbaren neunzig Lebensjahre. Die Soziologin und Pädagogin Marianne Gronemeyer nannte dieses Lifedesign »Leben als letzte Gelegenheit«.[4] Menschen, die so leben, suchen optimal leidfreies Glück in 90 Jahren. Die Merkmale solchen Lebens sind gut erforscht: es sind Lebenshast, Anforderung, Überforderung, es regiert die Angst zu kurz zu kommen. Und weil Ängste entsolidarisieren[5], trägt dieser Lebensstil auch zur Entsolidarisierung bei. Und dies, obgleich der Wunsch nach Solidarität in modernen Bevölkerungen durchaus vorhanden ist.

Religionssoziologen hatten in den Siebzigerjahren uneingeschränkt vorhergesagt, dass moderne Gesellschaften auch säkulare Gesellschaften sein werden. Die Stadt ohne Gott (Harvey Cox) galt als das Modell der Moderne. Je moderner, desto säkularer bzw. säkularisierter werden Strukturen und Bewusstsein sein, so die Annahme.

Heute, dreißig Jahre danach, vertritt kaum noch ein Religionssoziologe diese These. Zu viele Fakten sprechen dagegen. Die Religion hat sich in den Personen als resistenter erwiesen, als vermutet worden war. Der Anteil der Menschen, die sich in säkularen Kulturen als religiös bezeichnen und welche sich an Kirche orientieren bzw. Mitglied sind und mitleben, ist europaweit gesehen durchaus beachtlich, wenngleich länderweise wiederum sehr verschieden.

Vor allem aber lässt sich seit der Mitte der Neunzigerjahre ein »Megatrend der Respiritualisierung« (Matthias Horx)[6] beobachten. Gerade in den zugespitzt säkularen städtischen Kulturen finden sich in brandneuen Forschungen Anzeichen für eine »Wiederkehr der Religion«[7]. Damit ist nicht nur die Verwendung von religiösen Symbolen in Wirtschaft und hier wiederum in der Werbung gemeint: eine Verwendung, die als Diffusion des Religiösen hinein in das Säkulare bei gleichzeitiger Deformatierung beschrieben wird (A. Höhn). Gemeint ist vielmehr eine neue »spirituelle Suchbewegung«[8], die gerade städtische Bevölkerungsschichten erfasst hat. Sind sie ein Protest gegen das vorfindbare, manchmal doch eng-banale Alltagsleben? Ein Teil des viel bedachten Escapismus moderner Menschen, auch junger, in gespieltes Leben (TV, Film); in die bunte und erlebnisdichte Welt von Alkohol & Drogen; in destruktive Kriminalität; in die Schonwelt psychosomatischer Krankheit; in die Sonderwelt von Sekten; in – als schärfste Form – der Flucht in den Selbstmord?

Die Entwicklung hinsichtlich Säkularität und Spiritualität ist somit offen. Beide Entwicklungsstränge stehen in vielen Ländern nebeneinander. Dabei ist beachtlich, dass die Spiritualität aus der Säkularität zu kommen scheint und nicht aus den alten Kirchen, die hier eher nahezu gekränkt diese neuen spirituellen Suchbewegungen als ungläubig, als »Religion ohne Gott« verteufeln.

Diese Widersprüchlichkeit der Entwicklung macht aber verständlich, warum in repräsentativen Forschungen unterschiedliche Weltanschauungstypen zum Vorschein kommen: da sind neben den (Intensiv-)Christen (31 %) die Religionskomponisten (10 %), die sich ihre eigene spirituelle Musik komponieren und dabei auf unterschiedliche spirituelle Stile zurückgreifen; dann gibt es die vielen naturalistischen Humanisten (32 %), die von der Konzentration auf den Menschen und auf die Natur geprägt sind, und schließlich die Atheisierenden (27 %), welche ihr Leben ohne die Wohltat der Religion bestreiten.

Zusammenfassung

Europa erweist sich als ein Kontinent, der über Jahrhunderte vom Christentum geprägt wurde und dabei die Gestalt eines »christentümlichen Kontinents« erhalten hat. Im Zuge der Modernisierung der europäischen Gesellschaften, zu der die leidvollen Erfahrungen der Religionskriege, aber auch die dunklen Seiten der Christentumsgeschichte erheblich beigetragen haben, kam es zur Trennung von Staat und Kirche. Zugleich entwickelte sich ein weltanschaulicher Pluralismus, der nicht nur den christlichen Konfessionen Freiheit brachte, sondern auch anderen Religionen (Juden, Moslems), spirituellen Bewegungen und atheistischen Konzepten.

Der Friede zwischen den Religionen sowie der Religiösen mit den Atheisierenden ist fundamental für den Frieden in Europa. Zugleich steht und fällt dieser Friede mit der Gerechtigkeit, also mit dem Meistern der neuen Sozialen Frage. Um des Friedens willen stehen daher die unterschiedlichen Weltanschauungen vor der Frage, was sie zur Lösung dieser Neuen Sozialen Frage beitragen. Nur wenn es Gerechtigkeit gibt, gibt es auch Freiheit und Frieden in Europa.

Anmerkungen

1 Zulehner, Paul M. u. a.: Vom Untertan zum Freiheitskünstler. Wien 1991.

2 Enzensberger, Hans Magnus: Die Große Wanderung: 33 Markierungen; mit einer Fußnote »Über einige Besonderheiten bei der Menschenjagd«. Frankfurt/Main 4. Aufl. 1992.

3 Denz, Herzmann u. a.: Die europäische Seele. Wien 2002; Tomka, Miklós / Zulehner, Paul M.: Religion in den Reformländern Ost (Mittel)Europas, »Gott nach dem Kommunismus«. Ostfildern 1999; Tomka, Miklós / Zulehner, Paul M.: Religion im soziokulturellen Kontext Ost(Mittel)Europas, »Gott nach dem Kommunismus«. Ostfildern 2000; Tomka, Miklós / Maslauskaite, Ausra / Navickas, Andrius / To, Niko / Potocnik, Vinko: Zur Lage von Religion und Kirche. Ungarn, Litauen, Slowenien, »Gott nach dem Kommunis-

mus«. Ostfildern 2000; Prudký, Libor / Aračić, Pero / Nikodem, Krunoslav / Šanjek, Franjo / Zdaniewicz, Witold / Tomka, Miklós: Zur Lage von Religion und Kirche. Tschechien, Kroatien, Polen, »Gott nach dem Kommunismus«. Ostfildern 2001; Máté Tóth, András / Mikluščak, Pavel: Nicht wie Milch und Honig. Unterwegs zu einer Pastoraltheologie Ost(Mittel)Europas, »Gott nach dem Kommunismus«. Ostfildern 2000; Máté Tóth, András / Mikluščak, Pavel: Kirche im Aufbruch. Zur pastoralen Entwicklung Ost(Mittel) Europas, »Gott nach dem Kommunismus«. Ostfildern 2001.

4 Gronemeyer, Marianne: Leben als letzte Gelegenheit. Zeitknappheit und Sicherheitsbedürfnisse. Darmstadt 1993.

5 Zulehner, Paul M. / Denz, Zulehner / Talós, Emmerich / Pelinka, Anton: Solidarität. Option für die Modernisierungsverlierer. Innsbruck 2. Aufl. 1997.

6 Horx, Mathias: Megatrends der späten neunziger Jahre. Düsseldorf 1995.

7 Zulehner, Paul M. / Polak, Regina / Hager, Isa: Kehrt die Religion wieder? Religion im Leben der Menschen 1970–2000. Ostfildern 2002.

8 Mehr dazu im nachstehenden Beitrag in diesem Band »Vorüberlegungen zu einer Europäischen Pastoral«.

Vorüberlegungen zu einer Europäischen Pastoral

Paul M. Zulehner

Das Ziel einer dringend erforderlichen Europäischen Pastoral ist das Mitwirken der Kirchen aus der Inspiration des Evangeliums am Projekt Europa als Friedensprojekt und daher als Wirtschafts- und Sozialprojekt. Ausgerichtet an einem solchen visionären Ziel wäre ein Leitbild zu entwerfen, das sich dann in leitbildhaften Projekten konkretisiert. Zudem wären diesen Aufgaben angemessene Strukturen einer Europäischen Pastoral zu entwickeln.

In einem ersten Schritt soll das Ziel näher operationalisiert werden. Dieser Teil orientiert sich theologisch am Doppelgebot Jesu von der Liebe zu Gott und zu den Nächsten. Gottes- und Menschennähe werden zum Grundthema.[1] Diese Doppeldynamik kirchlichen Handelns wird in der Systematischen Theologie begrifflich unter den polaren Begriffspaaren[2] Mystik und Politik (Johann B. Metz, Dorothee Sölle), Kontemplation und Aktion (Roger Schutz) gefasst. Für unsere Vorüberlegungen zu einer Europäischen Pastoral ergeben sich daraus die beiden Themenfelder Spiritualität und Solidarität, bzw. im dynamisierten Sprachmodus Spiritualisierung und Diakonisierung der Kirchen in Europa.

Sodann ist in einem zweiten Schritt nach Strukturen von dergestalt handelnden Kirchen zu fragen, Strukturen, welche den gesteckten Zielen angemessen sind und diese begünstigen.

Spiritualisierung und Diakonisierung

Die Doppelbewegung, welche im Gebot Jesu von der Gottes- und Nächstenliebe enthalten ist, lässt sich bildlich als Eintauchen und Auftauchen fassen. »Wer in Gott eintaucht, taucht neben den Menschen, besonders den Armen auf.«[3] In einem ersten Schritt geht es um die Pastoral des Eintauchens: in Gottes Geheimnis, der in Jesus einer von uns geworden ist und in seinem Geist in uns schöpferisch wirkt.

Eintauchen: spirituelle Reise

Der Wiener Pastoraltheologe Heinrich Swoboda kritisierte bereits 1910 in seinem Werk Großstadtseelsorge: *»Der größte Fehler der Seelsorge besteht darin, immer nur die zu bekehren, die schon bekehrt sind.«* Hier kündigt sich bereits an, dass die Zeit der zugewiesenen Christlichkeit in Europa zu Ende ist und Europa sich auf eine neue missionarische Zeit einstellen muss. Sechzig Jahre später riet – auf der gleichen Linie liegend – Karl Rahner der anlaufenden »Würzburger Synode«, dass es besser sei, einen Neuheiden zu gewinnen als zehn vorhandene Mitglieder zu versorgen.[4] Deshalb sollten auch die Kandidaten für das Bischofsamt aus dem Kreis jener genommen werden, die unter den Bedingungen der Moderne schon einmal einen Neuheiden zum Evangelium geführt haben. Europa braucht also eine missionarische Offensive mit neuer Qualität oder, wie Johannes Paul II. 1985 an die Präsidenten des CCEE geschrieben hat, eine »Evangelisierung mit neuer Qualität«.

Eine solche neuartige Evangelisierung wird sich auf die unterschiedlichen weltanschaulichen »Typen« einstellen und ein Stück des Weges mit ihnen gehen, in der Hoffnung, dass im Gehen das Evangelium schmackhaft gemacht werden kann.

Eine erste wichtige Gruppe, mit denen Menschen aus der Kirche, randvoll mit dem Evangelium, ins Gespräch kommen werden, sind die *Atheisierenden*. Von diesen gibt es – nach neueren Analysen[5] – unterschiedliche Subtypen. Offenbar kann die »Unglaubensenergie« ebenso gestuft sein wie die »Glaubensenergie«. So finden sich in Studien neben atheisierenden Personen atheistische und vollatheistische.

Der europäische Atheismus ist im Westen intellektuell oder lebenspraktisch, im Osten hingegen wurde er in kommunistischen Jahrzehnten eher kulturell verordnet bzw. erzwungen. Er ist zudem von den christlichen Kirchen mitverursacht, wie das Zweite Vatikanische Konzil selbst eingesteht (Gaudium et spes 19–21).

Die lebenspraktische Gestalt des (zumeist westlichen) Atheismus besteht in der Lebensform des »Lebens als letzter Gelegenheit« (Marianne Gronemeyer). Es ist eine Lebensgestalt, die Gott nicht angestrengt leugnet, aber faktisch mit ihm nicht rechnet, sieht man von Fragmenten einer Art biographischen Notreligion ab.

Es fällt allerdings auf, dass es unter den unterschiedlichen Atheisierenden durchaus Verständnis dafür gibt, dass es zu den Lebenswenden kirchliche Feiern gibt: wenn ein Kind geboren wird, ein Angehöriger stirbt, wenn die Liebe zum gemeinsamen Fest sich verdichtet. Das muss nicht unbedingt bedeuten, dass in einem solchen Wunsch lediglich die therapeutische Seite der Rituale beansprucht wird. Es könnte auch sein, dass es auf dem Grund der »Atheistenseele« so etwas gibt wie ein verschüttetes Gottesahnen – wie es umgekehrt auf dem Grund der gläubigen Seele einen stillen Atheismusverdacht geben kann, und erst dieser Verdacht den Akt des Glaubens zu einem Wagnis der Freiheit werden lässt. Das würde Glaubende und Atheisten in einer tiefen Schicht zu Verwandten machen.

Spirituell Suchende. Eine zweite gewichtige Gruppe für die missionarische Offensive mit neuer Qualität sind die in der Forschung von uns so benannten »Religionskomponisten«. Ihre Religiosität ist weithin entkirchlicht und privatisiert. Sie leben eine Religion nach Wahl, eine Folge des kulturellen Wählenmüssens, des Zwangs zur Häresie, wie Peter L. Berger diesen Wahlzwang benannt hat.[6]

Der Typ der Religionskomponisten symbolisiert am deutlichsten die unter säkularen Bedingungen entstandene spirituelle Suche. Dabei sind die Dimensionen dieser breiten Kulturbewegung bunt und vielfältig – und noch viel zu wenig erforscht.

Erste Forschungsarbeiten lassen vermuten, dass solche Dimensionen sind:

ausgehend von der kulturellen Entfremdung des Menschen von sich selbst die Reise ins Innere, und das über meditative Techniken oder mystagogische Prozesse;

ausbrechend aus der Enge des harten Individualismus die Reise ins Weite, in das kosmische All, den Kreislauf der Natur, in die pantheisierend erlebte Tiefe des Seins;

um den vielen krankmachenden Kräften modernen Lebens zu entrinnen die Suche nach Heilung, wobei hier die rituelle Rückkehr an die Quellen des göttlichen Seins vielen der verlässlichste spirituelle Weg zu sein scheint;

verunsichert durch die Beliebigkeit und Vielfalt moderner Kulturen suchen nicht wenige für ihr Leben Strenge und Struktur, und das in Gruppen als auch bei begabten spirituellen Meistern;

bedrängt durch die zunehmende »Kultur der Hinrichtung«, die angesichts der Verknappungen viele Lebensbereiche erfasst hat, suchen manche Gemeinschaften mit einer Ethik der Liebe;

aus dem Verdacht, dass die alte Welt, ihre Art zu wirtschaften und zu leben, nicht von Dauer sein kann, wünschen nicht wenige eine neue Welt herbei und fühlen sich selbst, als einzelne oder in ihren Gemeinschaften, als eine Avantgarde einer solchen heraufkommenden Welt; diese wird die alte untergehende Welt ersetzen oder in einem tief greifenden Umwandlungsprozess aus dieser hervorgehen.

Empathische Spiritualitätskritik. Eine Europäische Pastoral ist herausgefordert, diese spirituellen Suchbewegungen gerecht wahrzunehmen. Nicht zielführend ist es, sie als unchristlich zu verwerfen, bevor man sie nicht empathisch kennen gelernt hat. Vor allem ist dann, wenn einem – gemessen am Evangelium – die eingeschlagenen spirituellen Wege nicht akzeptabel erscheinen, die Anstrengung gefordert, den eingeschlagenen Weg von der das spirituelle Suchen auslösenden Sehnsucht gut zu unterscheiden. Nur so wird man den Suchenden gerecht und kann in einen produktiven Dialog mit ihnen eintreten.

Auch die Kritik am Weg wird dann nicht von außen her erfolgen. Vielmehr muss es gelingen, sich so sehr in den eingeschlagenen Weg einzulassen, dass dieser von innen her vorwegnehmend zu Ende gegangen werden kann. Dann lässt sich gemeinsam sagen, ob das durch diesen Weg erreichte Ziel wirklich der auslösenden Sehnsucht entspricht. Spiritualitätskritik, die nicht anmaßend von außen beurteilt und verurteilt, wird sich dieser empathischen Anstrengung nicht entziehen können.

Unbeschadet solcher empathischen Spiritualitätskritik wird aber die Kirche selbst bemüht sein, für die Suchenden eine der ersten und besten Adressen in Europa zu werden. Wir sagen hier bewusst »werden«, weil der Verdacht nicht von der Hand zu weisen ist, dass sich vor allem in den teilmodernisierten Kirchen Westeuropas eine fatale spirituelle Schwäche eingeschlichen hat.

Schon 1972 vermerkte Karl Rahner dazu: *»Wir sind doch, wenn wir ehrlich sind, in einem schrecklichen Maße eine spirituell unlebendige Kirche. Die lebendige Spiritualität, die es natürlich auch heute noch gibt, hat sich doch in einer seltsamen Weise aus der Öffentlichkeit der Kirche in (soziologisch gesehen) kleine Konventikel der ›noch Frommen‹ zurückgezogen und versteckt. In der Öffentlichkeit der Kirche herrschen in einem erschreckenden Maße auch heute noch (bei allem guten Willen, der nicht bestritten werden soll) Ritualismus, Legalismus, Administration und ein sich allmählich selbst langweilig werdendes und resignierendes Weiterfahren auf den üblichen Geleisen einer spirituellen Mittelmäßigkeit.«*[7]

Spiritualisierung der Kirchen. Diese unsere Überlegungen münden in die praktische Frage, was den christlichen Kirchen in (West)Europa die spirituelle Stärke wieder geben kann. Hier wird keine Glaubensindoktrination weiterhelfen, keine Belehrung, die von außen kommt. Entscheidend wird erlebbares Eintauchen in Gott statt (nur) argumentativer Gottesrede, die leicht in Gottesgerede, Gottesgeschwätz verkommen kann.

Näherhin braucht es in den christlichen Kirchen Europas spirituelle Orte, spirituelle Personen und spirituelle Vorgänge.

Orte sind Kirchen, Wallfahrtsorte, noch mehr aber spirituelle Gemeinschaften, Orden, Klöster, Personal- und Pfarrgemeinden.

An solchen Orten finden sich Personen, die den Ehrennamen »erfahrene Gottesfrauen, erfahrene Gottesmänner« verdienen. Sie weisen eine hohe spirituelle Kompetenz auf, die sie in der Schule ihres spirituellen Lebens erworben und durch Aus- und Weiterbildungsmaßnahmen entwickelt haben.

Von Wichtigkeit sind Vorgänge mit hoher spiritueller Qualität. Vor allem braucht es Gottesdienste, die »gottvoll und erlebnisstark«[8] erlebt werden können. Noch mehr: die gesamte Pastoral wird mystagogische Qualität erhalten. Eine solche »mystagogische Seelsorge« führt den Menschen hin vor jenes Geheimnis, welches sein Leben im Grund immer schon ist (Karl Rahner)[9]. Auf diesem Grund angekommen wird der Mensch in letzter Einsamkeit vor Gott die Frage stellen, was dieser ihm zutraut in seinem eigenen Leben, damit sein Volk (dem Gott ihn hinzugefügt hat) lebens- und handlungsfähig ist.

Solche ureigene Gotteserfahrung, solches Lesen in der »kleinen heiligen Schrift des Lebens«, gilt es in Gemeinschaften des Evangeliums zu reinigen, weil niemand davor gefeit ist, eigene Interessen mit Gottes Absichten zu verwechseln.

Auftauchen: solidarische Reise

Geisteshaltung. Um zu verstehen, worin die Diakonie im Kontext einer Europäischen Pastoral ihre gläubigen Wurzeln hat, aus welcher Geisteshaltung sie also lebt, gilt es die Konsequenzen aus dem Eintauchen in Gottes Geheimnis zu bedenken. Das Eintauchen führt ja in »mystischer Weise« dazu, dass wir von Gottes Art werden: seine Töchter und Söhne, seine Kinder.

Diese Gottförmigkeit, dieses »aus Gott geboren sein« (Joh 1,14) formt dann aber unser Tun. Wenn wir in ihm sind, müssen wir auch leben wie er, so in derselben Logik der Verfasser des 1. Johannesbriefes (1 Joh 2,6).

Gottes Art mit den Menschen zu sein erschließt einer der in den christlichen Kirchen weltweit meistgelesenen alttestamentlichen Texte: die Gründungsgeschichte Israels in der Befreiung des Volkes aus der Unterdrückung in Ägypten. »Gesehen, ja gesehen habe ich das Elend meines Volkes in Ägypten. Gehört, ja gehört habe ich die laute Klage über ihre Antreiber. Ich kenne ihr Leid.« (Ex 3,7) Kirchen und ihre Mitglieder sind somit in Gottes Art Aug und Ohr für Unterdrückung von Leben in all ihren Formen. Sie haben ein sehendes Auge für die Armgemachten, ein offenes Ohr für deren Schrei zum Himmel. Die Kirche ist so das Auge und Ohr Gottes bei den Leidenden dieser Welt. In einer allgemeinen Kultur des Wegschauens zeichnet die Kirchen in Europa das Hinschauen aus.

Die Erzählung fährt fort, dass Gott herabsteigt und hinaufführt. Er ist ein Gott, der sich nicht heraushält. Das markiert das zweite Merkmal einer diakonalen Geisteshaltung, die in der Schule Gottes gelernt wird: Kirchen treten ein und nicht nur auf. Sie machen sich stark, die Hände schmutzig. Sie verfassen nicht nur Sozialworte und Hirtenbriefe zu sozialen Problemen, so wertvoll diese auch sind. Sie handeln konkret.

Zur Geisteshaltung der Kirchen in Europa gehört schließlich das Mitleiden, die compassion. Es wäre zu wenig, nur distanziertes Mitleid zu haben. Es geht um eine Teilnahme in Jesu Art an den alltäglichen Leiden des Volkes.

Projekte europäischer Diakonie. Solche Geisteshaltung setzt sich um in konkrete diakonale Projekte. Im Einzelnen stehen im heutigen Europa vor allem folgende auf der Dringlichkeitsliste:

1. Projekte zu Gunsten der Opfer gesellschaftlichen Umbaus und damit der neuen Sozialen Frage. Das sind im Osten Europas jene, die durch den gesellschaftlichen Umbau vom Kommunismus in den Kapitalismus benachteiligt werden. Im Westen Europas wiederum braucht es diakonale Projekte für jene, die von den Nachteilen des unaufhaltsamen Globalisierungsschubes betroffen sind.

2. Dann braucht es Projekte für jene, die drohen überflüssig zu werden: die Sterbenden (Hospizarbeit anstatt Liberalisierung der Euthanasie), die Behinderten (auch unter den Ungeborenen, welche durch Präimplantationsdiagnostik aufgespürt werden), für die Langzeiterwerbslosen, für die Kinder, die immer mehr »stören« (neue Väter, strukturelle Voraussetzungen durch Männerpolitik).

3. Es braucht in Europa diakonale Projekte im Bereich der Ökologie (die ökumenischen Prozesse von Basel 1989 und Graz 1997 werden fortgesetzt), Migration und Minderheiten. Die Migration wird in den nächsten Jahrzehnten drastisch zunehmen – als Armutsmigration, als Umwelt migration. Die Migration wird globale Ausmaße annehmen, sich feminisieren und beschleunigen. Kirchen werden dagegen Einspruch erheben (statt die Entwicklungszusammenarbeit zu stärken, die Weltwirtschaftsordnung zu verändern, die Einwanderung zu gestalten), die europäischen Außengrenzen gegen die Migrationsströme zu militarisieren.

4. Es wird schließlich Projekte geben, um die im Modus des Wünschens vorhandene Solidarität zu heben, von der Angst der Menschen, zu kurz zu kommen, zu befreien (was eine enorm spirituelle, bildungsmäßige wie politische Aufgabe ist), sie von der nahe liegenden Mikrosolidarität hin zur Makrosolidarität aufzubrechen und auszuweiten.

5. Wie ein roter Faden wird das Thema Versöhnung solche pastorale Projekte durchziehen, rückblickend auf

die leidvolle und gewalttätige Geschichte in Europa, vorausblickend, um künftig aus den Leiden der Früheren lernend Unrecht zu verhindern.

Europäisierung der Kirchenstrukturen

Sollen solche spirituelle und diakonale Aufgaben nicht nur lokal in den Ortskirchen, sondern europäisch angegangen werden, braucht es dazu gestärkte und weiter ausgebaute europäische Kirchenstrukturen und ein ausreichendes Vertrauen in diese.

Abbau des Misstrauens durch Lernen

Dieser Aspekt des Vertrauens ist insofern von Bedeutung, als nach dem Fall der politischen Mauer eine Art geistige Mauer zwischen dem Osten und Westen Europas, und das vor allem zwischen den »beiden Lungenflügeln des Christentums« (Johannes Paul II.) entstanden ist. Damit europäische Kirchenstrukturen also wirksam werden können, ist Vertrauensbildung erforderlich.

Dazu dienen wechselseitige Lernprozesse. So kann die Kirche im Westen von den Kirchen im Osten lernen: loyale Kirchlichkeit, Sympathie mit Rom; dass der Glaube Kraft gegen vielfältige, auch subtile Totalitarismen freisetzt (wie im Konsumismus, in den Wissenschaften, in der Verwaltung); dass kirchliche Institutionen (wie Orden, Caritas, Schulen) unentbehrliche Instrumente gesellschaftlichen Mitwirkens sind.

Im Gegenzug könnten die Kirchen im Osten Europas von jenen im Westen lernen, dass Christ-Werden/Sein unter den Bedingungen der Freiheit möglich und notwendig ist, was durch die kluge Unterscheidung von Liberalität und Liberalismus begünstigt wird; dass Glaube in freiheitlich-pluralistischen Verhältnissen von Personalisierung und Vernetzung lebt; dass Beteiligung und Entklerikalisierung zusammenhängen und ein Umlernen der Amtsträger erfordern.

Vernetzungen auf allen Ebenen

Für das Entstehen einer Europäischen Pastoral braucht es eine Vernetzung auf allen Ebenen: auf jener der Bischofskonferenzen (was ein Erfolg des Mitteleuropäischen Katholikentags ist); nützlich sind aber auch Begegnungen von Dekanaten und Pfarrgemeinden, Orden und geistlichen Bewegungen.

Europa als Region der Weltkirche

Zu den strukturellen Aspekten einer Europäischen Pastoral zählt die Neugestaltung des Verhältnisses zwischen Ortskirchen und Rom, genauer deren Gestaltung nach den theologischen Positionen des Zweiten Vatikanischen Konzils. Das bedeutet konkret eine Aufwertung der Einrichtungen der Kirche in Europa (wiederum auf allen Ebenen, also der Bischöfe, Priester, Laien, Orden). Dieses Verhältnis ist nach den anerkannten Prinzipien der Katholischen Soziallehre – Subsidiarität und Solidarität – zu formen. Ekklesiologisch formuliert geht es um die strukturelle Organisierung der Kollegialität der Bischöfe und dahinter der Ortskirchen. Dabei könnte sich eine regionalisierte Universalität entwickeln, welche die derzeitige Neigung zu einer zentralistischen Uniformität ablösen könnte. Damit wäre auch die Voraussetzung für eine entlastete Ausübung des Papstamtes geschaffen: Denn die Vorsitzenden der Regionen der Weltkirche könnten eine Art »Regionenrat« zur Beratung der Amtsführung des Papstes bilden.

Eucharistiefähigkeit gläubiger Gemeinden

Solche Neustrukturierung innerhalb des weltkirchlichen Verbundes könnte Spielraum für die Lösung kontinentaler pastoraler Probleme schaffen. Ein Beispiel: Gestützt auf das Zweite Vatikanische Konzil betont Papst Johannes Paul II. in seiner Enzyklika »Ecclesia de Eucharistia«

(2003), dass alles kirchliche und christliche Leben und Wirken aus der Quelle der eucharistischen Feier gespeist werde. Das ist auch verständlich, weil nirgendwo Menschen sich so sehr in »Gottesgefahr« begeben wie in der Messe. Hier tauchen sie in den lebendigen Gott ein, dessen Geist sie umwandelt zu einem »Leib hingegeben«, zu einer Gemeinschaft, die dient.

Die Kirche wird daher mit allen zur Verfügung stehenden Möglichkeiten dafür sorgen, dass in gläubigen Gemeinden diese kirchenbildende Feier auch begangen werden kann. Und solange wir zu Recht der Ansicht sind, dass im kirchlichen Normalfall der eucharistischen Feier ein geweihter Priester vorstehen soll, weitet sich die Sorge um die Feier der Eucharistie in gläubigen Gemeinden aus auf die Sorge, dass ein Priester zum Vorstehen in Ruf- und Reichweite ist.

Was aber, wenn auf dem herkömmlichen Weg zu wenige Priesteramtskandidaten gefunden werden können, was zur Zeit in vielen Regionen Europas, in West und Ost der Fall ist? Dann wäre zu überlegen, ob nicht eine Kirchenregion »neue Wege« einschlägt. Einen solchen schlagen Bischof Fritz Lobinger und ich, mit-unterstützt von Peter Neuner vor. Es sollen gemeindeerfahrene Personen (»Leutepriester«) aus den Gemeinden selbst ausgesucht werden, die nach einer ausreichenden Ausbildung und mit einer gediegenen Fortbildung in ein ehrenamtlich tätiges gemeindliches Presbyterium geweiht werden.[10]

Europäisches Pastoralinstitut

Zur Entwicklung einer Europäischen Pastoral wäre ein Europäisches Pastoralinstitut von großem Nutzen. In einem solchen könnten gemeinsame Aufgaben in professioneller Weise vorausgedacht und begleitet werden. Es könnte dort zu einem Austausch gelungener und gescheiterter Erfahrungen aus den verschiedenen Subregionen Europas kommen. Anzubinden wären laufende religionssoziologische

Forschungsprojekte im Kirchenraum Europas. Hilfreich wäre flankierend ein Zusammenschluss der in Europa vorhandenen lokalen Netzwerke der Pastoraltheolog/innen.

Zwei biblische Wirkmodelle

Wie Kirchen ihren Dienst am besten erfüllen, darüber gibt es in den unterschiedlichen theologischen Disziplinen – gestützt auf die biblisch verbürgten Erfahrungen – zwei nur auf den ersten Blick widersprüchliche Konzepte.

Das eine Modell sieht die Kirche dann am wirkmächtigsten, wenn sie die Stadt auf dem Berg ist (Mt 5,14). Ihre Kraft hat sie durch das, was sie ist, durch ihr leuchtendes Sein (indem sie etwa in den Gemeinden Friedensorte bildet). Durch die Bildung von evangeliumsförmigen Gemeinschaften wachsen Reich-Gottes-artige Oasen in der Gesellschaft.

Das andere Modell hingegen sieht die Kirche als Salz der Erde (Mt 5,13). Jetzt wirkt die Kirche nicht nur durch das, was sie in sich ist und lebt, sondern wie sie sich durch Personen (Laien) und Organisationen in die Gesellschaft gestalterisch »einmischt«. Kirche betreibt jetzt »Kulturation« durch Personen / Einrichtungen, die »Gestaltungsmacht« in Politik, in Unternehmen, in Gewerkschaften, in Bildung und Medien, Kunst und Kultur haben.

Am größten wird freilich die Wirksamkeit der Kirchen in Europa sein, wenn sie in beiden Weisen dient.

Anmerkungen

1 Vgl. dazu die pastoraltheologische Reflexion zum Passauer Pastoralplan 2000 »Gott und den Menschen nahe«, in: Zulehner, Paul M.: Aufbrechen oder untergehen. So geht Kirchenentwicklung. Ostfildern 2002.

2 Dieses polare Denken ist bedeutend ergiebiger als das Entwerfen pastoraler Arbeit über die so genannten »Grundfunktionen«, deren Zahl allein undeutlich ist, manche nennen (mit Liturgia, Martyria, Diakonia) drei, andere finden vier davon (indem sie die Koinonia

beifügen). Bei diesen Grundfunktionen handelt es sich aber um Dimensionen, die in jedem pastoralen Handeln vorkommen, wenngleich mit unterschiedlicher Gewichtung. Aus Dimensionen Arbeitsbereiche zu machen ist schädlich, weil die Versuchung entsteht, diese Grundfunktionen dann zu reihen und aus den Vorgereihten (meist Liturgie und Verkündigung, insoweit sie an den Priester gebunden sind) zur Kernidentität zu kommen, was wiederum die Möglichkeit eröffnet, andere Bereiche (wie die Diakonie) zurückzureihen und notfalls auch wegzusparen. Dazu mehr in der Studie über die Diakone im deutschsprachigen Raum: Zulehner, Paul M.: Dienende Männer. Anstifter zur Solidarität. Ostfildern 2003.

3 So auch der Passauer Pastoralplan 2000 »Gott und den Menschen nahe«.

4 Rahner, Karl: Strukturwandel als Chance und Aufgabe der Kirche. Freiburg/Br. 1972.

5 Atheisten gibt es in Ost(Mittel)Europa in so großer Zahl, dass sie auch gut erforscht werden können. Vgl. die Studie AUFBRUCH, vor allem im Band Zulehner, Paul M./Tomka, Miklos: Religion im soziokulturellen Kontext Ost(Mittel)Europas. Ostfildern 2000.

6 Berger, Peter L.: Der Zwang zur Häresie. Frankfurt/Main 1980.

7 Rahner, Strukturwandel a. a. O., S. 88.

8 Mit dieser Charakterisierung von Gottesdiensten im Titel wurde eine Studie zur Gottesdienstqualität im Großraum Wien veröffentlicht: Zulehner, Paul M. u. a.: Gottvoll und erlebnisstark. Ostfildern 2004.

9 Zulehner, Paul M.: Denn du kommst unserem Tun mit deiner Gnade zuvor. Zur Theologie der Seelsorge heute. Paul M. Zulehner im Gespräch mit Karl Rahner. Ostfildern 2. Aufl. 2003.

10 Zulehner, Paul M. / Lobinger, Fritz / Neuner, Peter: Leutepriester aus gläubigen Gemeinden. Ostfildern 2003.

11 Armut und soziale Ausgrenzung. Bericht der Kirchen und ihrer Verbände an die Europäische Union. Kathpress Sonderpublikation Nr. 2, 1997, S. 5.

12 Mehr Beteiligungsgerechtigkeit. Beschäftigung erweitern, Arbeitslose integrieren, Zukunft sichern: Neun Gebote für die Wirtschafts- und Sozialpolitik. Memorandum einer Expertengruppe berufen durch die Kommission VI für gesellschaftliche und soziale Fragen der Deutschen Bischofskonferenz. Bonn 1998 (Die deutschen Bischöfe – Kommission für gesellschaftliche und soziale Fragen 20), 8. Zur Beteiligungsgerechtigkeit vgl. auch Heimbach-Steins, M., Beteiligungsgerechtigkeit. Sozialethische Anmerkungen zu einer aktuellen Diskussion, in: Stimmen der Zeit 124 (1999) 147–160.

13 Armut und soziale Ausgrenzung, S. 4.

Dreiländerwallfahrt – Weg-weisend für die Zukunft einer Region

Josef Marketz

Wie beginnt eine Wallfahrtstradition?

In den »Christlich-Pädagogischen Blättern« (1994, Heft 3) kann man lesen, dass die Dreiländerwallfahrt von Papst Johannes Paul II. höchstpersönlich als völkerübergreifende Wallfahrt angeregt wurde. »Damit wollte der Papst eine alte Tradition, die durch Jahrhunderte gepflegt wurde, wieder aufleben lassen«, schreibt Lieselotte Wolf. Von welcher Tradition da die Rede ist, konnte allerdings nicht eruiert werden.

Fest steht jedenfalls, dass die erste Dreiländerwallfahrt 1982 anlässlich der Bischofsweihe des neu geweihten Diözesanbischofs von Gurk-Klagenfurt, Egon Kapellari, zusammen mit den Erzbischöfen von Laibach (Ljubljana) und Udine, Alojzij Šuštar und Alfredo Battisti, ins Leben gerufen wurde. »Drei Länder« ist eigentlich ein missverständlicher Begriff, vielmehr geht es um drei Diözesen, denn politisch sind die sog. drei Länder überhaupt nicht miteinander vergleichbar. Kärnten ist ein österreichisches Bundesland; die Erzdiözese Laibach (Ljubljana) umfasst einen größeren Teil Sloweniens, das 1982 noch zur Föderativen Volksrepublik Jugoslawien gehörte und nun als Republik Slowenien einen selbständigen Staat bildet; die Erzdiözese Udine umfasst den Hauptteil Friauls, das zur viel größeren italienischen Provinz Julisch-Venetien gehört.

In der Geschichte war die Region zweimal politisch vereint, nämlich als Teil des römischen Kaiserreiches und vor noch nicht allzu langer Zeit als Teil der Habsburgermonarchie, wobei interessanterweise die Erinnerung daran besonders in Friaul noch sehr lebendig ist. Kirchlich ging eine wichtige, wenn auch sehr durchlässige Grenze mitten durch Kärnten, denn mehr als 1000 Jahre lang, bis ins späte 18. Jahrhundert, bildete die Drau die Grenze zwischen den beiden kirchlichen Metropolen Aquileja und Salzburg. In den Kriegen des 20. Jahrhunderts gingen immer wieder Frontlinien durch die Region, so dass sich die ursprüngliche Gemeinschaft zum Teil in Feindschaft, zum Teil in Beziehungslosigkeit verkehrte.

Die neue Dreiländerwallfahrt ist an keinen traditionellen Wallfahrtsort gebunden. Sie schöpft ihre Bedeutung aus ihrem ideellen Anliegen, nämlich der Verbindung der Völker und Kulturen dieser Region. Es gibt natürlich große Wallfahrtsstätten in der Region, etwa das kärntnerische Maria Saal, das slowenische Brezje, das friulanische Castelmonte (Stara gora); am Dreiländereck lädt das Marienheiligtum am Monte Lussari (Svete Viarje / Maria Luschari) – heute in Italien gelegen – seit jeher Menschen aus der ganzen Region zur Pilgerfahrt ein.

Dieser heilige Berg war auch das Ziel der ersten grenzüberschreitenden Dreiländerwallfahrt 1982, zu der die drei Bischöfe am Samstag nach dem Hochfest der Aufnahme Mariens in den Himmel die Gläubigen ihrer Diözesen gerufen haben. Auf Anhieb sind mehrere Tausend Pilger dem Aufruf gefolgt.

Inzwischen führen die Nachfolger der drei Bischöfe Alois Schwarz, France Rodé und Pietro Brollo die Pilger/innen aus ihren Diözesen, meist noch immer am Samstag nach Maria Himmelfahrt, abwechselnd an einen Wallfahrtsort in Kärnten, Slowenien oder Friaul, um die Tradition weiter zu pflegen. Es haben sich in diesen Jahren auch Bischöfe und Gläubige aus anderen Diözesen dieser grenzüberschreitenden und Völker verbindenden Wallfahrt angeschlossen, so etwa aus Graz, Marburg (Maribor), Koper (Capo d'Istria) und Görz (Gorizia). Die Teilnehmerzahl liegt immer zwischen 3000 und 5000 Pilger/innen.

Für den Ablauf hat sich inzwischen ein Ritual ausgebildet. Im Mai nehmen die zuständigen Personen Kontakt miteinander auf, vereinbaren den Termin, das Thema, die

Lesungen und Fürbitten, machen die notwendigen Übersetzungen für das Feierheft und die Plakate und freuen sich dann schon auf das alljährliche Wiedersehen. Den Mittelpunkt der Wallfahrt bildet immer die Heilige Messe, die vom Gastgeberbischof zelebriert wird, die beiden anderen Diözesanbischöfe und meist eine Reihe weiterer Bischöfe und viele Priester aus allen drei Diözesen konzelebrieren. Es wird ein Feierheft in allen vier Sprachen vorbereitet, in denen sich die Messtexte, Lesungen und Lieder befinden. (Einige deutschsprachige Lieder wurden inzwischen ins Slowenische und Italienische übersetzt.)

Pilger aus allen drei Diözesen tragen die Lesungen und selbst vorbereitete Fürbitten vor, zur Gabenbereitung werden dem Gastgeberbischof Geschenke von den beiden Gastdiözesen gebracht. Im ersten Jahrzehnt haben immer alle drei Bischöfe gepredigt, inzwischen sprechen sie am Schluss ein längeres Grußwort, das allerdings den programmatischen Charakter beibehalten hat.

Unterschiedliche kulturelle Färbung

Trotz dieser gleich bleibenden Elemente unterscheiden sich die Wallfahrten in den einzelnen Diözesen sehr stark voneinander, was seinen Grund in der unterschiedlichen kulturellen Situation hat. Und gerade diese kulturellen Unterschiede, die in einer charakteristischen Feierkultur zum Ausdruck kommen, machen diese Wallfahrt so reizvoll. Immerhin sind es nicht nur drei Staaten, sondern auch drei Kulturkreise und vier Sprachen, die diese Region prägen. Neben dem Deutschen, Slowenischen und Italienischen ist es das Friulanische, das vor 20 Jahren bei den Wallfahrten nur marginal verwendet wurde, im Laufe der Jahre aber zur gleichberechtigten Liturgiesprache geworden ist. Diese Prägung macht die Wallfahrten sehr abwechslungsreich, aber, nachdem sich alle drei Jahre trotz der unterschiedlichen Schauplätze die »Handschrift« des Veranstalterlandes wiederholt, für treue Pilger doch auch wieder erkennbar.

Die meisten Pilger kommen immer aus **Slowenien**, das die ausgeprägteste Wallfahrtskultur in der Region besitzt. Das nationale Pilgerzentrum ist Maria Hilf in Brezje, das mehrere Male bereits Ziel der Dreiländerwallfahrt war. Typisch ist eine einfache, aber schön gestaltete Liturgie mit vielen konzelebrierenden Priestern, mit viel Volksgesang, wobei Feierhefte nicht wichtig sind, weil die geläufigen Lieder alle auswendig gesungen werden. Beichte und Kommunion gehören zur Wallfahrt, weniger wichtig ist das Essen, das meist mitgenommen wird. Viele Pilger kommen in festlichen Trachten; für sie ist immer ein Platz ganz vorne reserviert. (Darauf wurde in Kärnten in den ersten Jahren manchmal vergessen, was durchaus Missmut ausgelöst hat.)

In **Friaul** ist das häufigste Wallfahrtsziel der Monte Lussari (Maria Luschari/Svete Viarje), der im Dreiländereck liegt und einen herrlichen Ausblick auf die ganze Region freigibt, bzw. der an seinem Fuße liegende Ort Camporosso, wohin dann die Gnadenstatue gebracht wird. (Ausnahmen waren einmal Tricesimo, einmal die Benediktinerabtei Rosazzo.) Bei den italienischen Veranstaltern hat man immer das Gefühl, dass es auf die Wallfahrt kaum Vorbereitungen gibt und alles sehr spontan verläuft, z. B. auch bei den Übersetzungen.

Ganz anders ist es in **Kärnten**. Hier findet die Wallfahrt immer an einem anderen Ort statt – übrigens sind es nicht immer Marienwallfahrtsorte. Es wird monatelang generalstabsmäßig geplant, mit Chören und Instrumentalisten geprobt, Vorprogramm und einzelne Messteile werden kreativ gestaltet, es wird zumindest eine Agape, möglichst aber ein Mittagessen für alle Teilnehmer/innen organisiert und meist wurde auch noch der Versuch unternommen, durch ein kulturelles oder geistliches Programm die Pilger/innen zum Bleiben und zu mehr Begegnung zu bewegen. Großen Erfolg hatten diese Bemühungen nie gezeitigt, weil die italienischen Busse alle schon vorher in einem Restaurant ein gutes Mittagessen bestellt hatten und viele der slowenischen Busse noch mindestens eine weitere Wallfahrtskirche aufsuchten, um dort mit der traditionellen Marienlitanei die Wallfahrt zu beschließen.

Europäische Dimension einer regionalen Wallfahrtstradition

Während etwa das Jahrbuch der Diözese Gurk in den letzten 20 Jahren fast überhaupt nicht auf die bewegte Zeit und die großen gesellschaftspolitischen Themen der Region und darüber hinaus Europas eingeht, ist die Dreiländerwallfahrt im Rückblick erstaunlich aktuell: die Themen, vor allem aber die Predigten kreisen immer um die jeweils aktuelle Situation Europas, um Frieden und Einheit, um Hoffnung und Gerechtigkeit.

»Europa und die Christen« war das Motto der ersten Dreiländerwallfahrt 1982, die auf dem heiligen Berg Monte Lussari stattgefunden hat. Bischof Kapellari eröffnete schon bei seiner ersten Predigt das Thema, das bis in die Gegenwart sein gesellschaftspolitisches Wirken prägt. Er sprach über »das alte Haus« Europa, an dem die Christen mitgebaut haben und in dem sie ein Wohnrecht haben. Er nannte Europa einen Bauplatz[1], auf dem Zukünftiges gestaltet wird, woran die Christen mitbauen wollen und schloss mit den Worten: »Wir beten darum, dass die großen und die kleinen Grenzen in Europa für das Evangelium und für alles Gute durchlässig werden: die Grenzen zwischen den Einzelnen und zwischen den Staaten.«

Diesen Gedanken aufnehmend lautete das Motto 1986 im slowenischen Brezje »Für einen Frieden ohne Grenzen«. Erzbischof Šuštar bezeichnete die Wallfahrt als »Zeichen der Hoffnung für die Zukunft des Friedens in Europa« und betonte: »Dieser Friede darf keine Illusion

1 Die allgegenwärtige Metapher vom »Bauplatz Europa«, die in Österreich zum Leitbild kirchlichen Engagements am »Projekt Europa« wurde, scheint bei dieser ersten Dreiländerwallfahrt von Bischof Kapellari geprägt worden zu sein.

bleiben. In seinem Namen sind wir aufgerufen, alle Grenzen zu überwinden und durch Nächstenliebe und Gerechtigkeit als Mitarbeiter Gottes am Frieden zu bauen.« Nach der Selbständigkeit Sloweniens 1991 und der Aufnahme in die europäische Union am 1. Mai 2004 kann das Thema durchaus als prophetische Vorwegnahme der aktuellen politischen Gegebenheiten gesehen werden.

Vor allem im noch kommunistisch regierten Slowenien nährten diese Wallfahrten zweifellos in den Menschen die Hoffnung, dass zur Realität werden möge, worum sie beten und was sich ja am Horizont schon abzeichnete.

1991 kurz nach dem Zusammenbruch des kommunistischen Regimes in Jugoslawien, das Slowenien das erste Mal in seiner Geschichte einen eigenen Staat bescherte, fand die Dreiländerwallfahrt im Kärntner Benediktinerstift St. Paul statt und war den Patronen Europas Benedikt, Cyrill und Method gewidmet. In ihren Predigten gingen die Bischöfe natürlich auf die epochalen Veränderungen in Europa ein, das aber vor allem vom Balkan her noch sehr schwach und in seinem Frieden gefährdet war. In dieser Situation rief Bischof Kapellari die Pilger/innen auf: »Bauen wir am Haus der Kirche und der Gesellschaft mit nach dem Maß dieser Heiligen: wir Menschen aus drei Ländern im Herzen Europas, damit das neue Europa keine Utopie bleiben muss.«

Ein Jahr später fand die Dreiländerwallfahrt erstmals im unabhängigen Slowenien statt und zwar in Ljubljana. Im Süden tobte der Bürgerkrieg, weshalb im Mittelpunkt der Wallfahrt die Bitte um Frieden und Versöhnung und das Bekenntnis zur Solidarität mit den Ländern des ehemaligen Jugoslawien stand.

Unter dem Eindruck der Geschehnisse stand auch die Wallfahrt 1993 nach Camporosso ganz im Zeichen des Gebetes um Frieden, wo Erzbischof Battisti hervorhob: »Nicht das Schwert ist es, das tötet. Es ist das Herz des Menschen, das tötet. Die Welt kann uns den Frieden nicht geben. Nur Gott kann uns den Frieden geben.« Und Bischof Kapellari führte den Gedanken weiter: »Der Friede, den wir Menschen aus eigener Kraft schaffen wollen, ist zerbrechlich wie Glas. Für einen starken Frieden brauchen wir eine größere Kraft, die Kraft Gottes. Dann erst bilden sich Inseln des Friedens, die sich ausdehnen und mit den benachbarten Friedensinseln zusammenwachsen können. Europa könnte dann vielleicht doch einmal ein Kontinent relativen Friedens werden. Darauf hoffen wir. Dafür beten und arbeiten wir.«

Einen überaus geeigneten Rahmen für das Lieblingsthema des damaligen Kärntner Bischofs »Wir Christen auf dem Bauplatz Europas« lieferte dann ein Jahr später der Ort der Wallfahrt, nämlich der Hemmaberg in Südkärnten, der vermutlich größte Wallfahrtsort des spätrömischen Mitteleuropas. Der Gottesdienst mit vielen Tausenden von Pilger/innen, die sich auf den Ruinen der frühchristlichen Kirchenanlage als lebendige Kirche versammelt hatten, sprach für sich, Worte konnten die Zeichenhaftigkeit nur mehr untermauern.

Interessant war die Ansprache Bischof Kapellaris ein Jahr später in der Zisterzienserabtei Stièna in Slowenien, wo er von der Ernüchterung in den neuen Demokratien sprach, in denen die Kirchen bei der Verkündigung des Evangeliums mit viel Gleichgültigkeit konfrontiert seien, und er forderte: »Wir sind selbstverständlich tolerant im Sinne der großen humanistischen Tradition, die ja durch das Christentum wesentlich geprägt ist. Wir erwarten aber Toleranz und Respekt auch für uns und für die christlichen Werte, die wir leben und verkünden wollen. Wir erwarten Respekt besonders auch für das Symbol des Kreuzes.«

In den Jahren vor 2000 stand die Dreiländerwallfahrt im Zeichen der von Papst Johannes Paul II. in seinem apostolischen Schreiben *Tertio millenio Adveniente* vorgegebenen Themen, nämlich »Jesus Christus, unser Weg und unser Brot« im ehemaligen Zisterzienserstift Viktring und »Dem Leben neue Hoffnung geben« in Flitsch (Bovec), blieb aber trotzdem immer aktuell, wenn sie 1998 nach dem furchtbaren Erdbeben, das vielen Menschen ihre Lebensgrundlage zerstörte, etwa auch solidarische Hoffnung in das Tal des Isonzo (Soča) brachte.

Die Wallfahrt in Italien kehrte am Vorabend der Jahrtausendwende wieder zum Europathema zurück und lud nach Tricesimo mit dem Motto ein: »Christen – Baumeister eines neuen Europa«.

Sehr offen war das Thema im Jubiläumsjahr 2000 bei der Wallfahrt in Gurk: »Wohin gehst du«. Wenn man etwas überinterpretieren darf, so kann man in der Frage wohl auch den sich in der Kirche ebenso wie in der Gesellschaft ausbreitenden Individualismus wahrnehmen, der sich zu einem Schlüsselbegriff des neuen Jahrhunderts entwickelt.

Ein Jahr später in Brezje ging es um »Maria, die Morgenröte des 3. Jahrtausends«, dann (2002) wieder nach Maria Lussari, »Wo der Horizont sich weitet«, 2003 war die Wallfahrt nach St. Georgen am Längssee zugleich die Auftaktveranstaltung zum Mitteleuropäischen Katholikentag und nahm auch sein Motto auf: »Christus, Hoffnung Europas«.

Schon an diesen Titeln lässt sich ablesen, dass zumindest nach meinem Empfinden der Dreiländerwallfahrt in den letzten Jahren etwas die Luft ausgegangen zu sein scheint, obwohl der Kärntner Diözesanbischof Alois Schwarz, der 2001 den letzten der drei »Gründungsbischöfe« Egon Kapellari in Gurk-Klagenfurt ablöste, in Brezje durchaus programmatisch die Weiterführung der Wallfahrtstradition angesprochen hat: »Zum ersten Mal nehme ich an dieser schon traditionellen Wallfahrt teil und bin beeindruckt, wie viele Menschen an diesem Schnittpunkt dreier europäischer Kulturen zusammengekommen sind, um miteinander betend und singend Gott zu ehren, jeder in seiner Sprache, aber doch als große katholische Gemeinschaft. Am Beginn eines neuen Jahrtausends scheint mir diese Wallfahrt wegweisend zu sein für die Zukunft unserer Region, als sprechendes Zeichen für Frieden und kulturellen Austausch, als Beweis, dass wir Christen einander vertrauen und uns auch vor einer noch engeren politischen und wirtschaftlichen Zusammenarbeit nicht fürchten.«

Kritisches Resümee

Zuerst das Positive: Aus diesem Bericht wird deutlich, dass die Wallfahrten als solche, vor allem aber die Ansprachen der Bischöfe ein beeindruckendes Dokument der regionalen Zeitgeschichte sind, die durchaus die regionalen Grenzen sprengten und in katholischer Weise europäische Dimensionen annahmen. Dabei ist das Entstehungsdatum mitzubedenken, das heute Unspektakuläres doch sehr bemerkenswert macht.

Kritisch ist anzumerken, dass die Kirche, die 1982 einen sehr mutigen und prophetischen Schritt in die Richtung ihres Selbstverständnisses als »katholische« Kirche setzte, sich nicht für weitere Schritte entscheiden konnte und inzwischen schon längst etwa von Kultur und Wirtschaft überholt wurde. Trotz mancher Kontakte zwischen den Diözesen ist auf dem regionalen Bauplatz mitten in Europa durch all die Jahre eine weiterführende Zusammenarbeit und Gemeinschaft der drei Diözesen nicht erkennbar geworden. Vor allem zwischen Gurk und Udine sind, abgesehen von einigen punktuellen Projekten, kaum tiefere Beziehungen angestrebt worden. Rückblickend stellt man fest, dass etwa der Beitritt Österreichs zu EU, der Italien ja von Anfang an angehört, kirchlich überhaupt nichts ausgelöst hat.

Das soll diesmal, im Blick auf den EU-Beitritt Sloweniens anders werden. In die Beziehung der Diözese Gurk zu den slowenischen Diözesen, die durch die doch relativ starke slowenische Volksgruppe in Kärnten immer gepflegt wurden, kommt neue Bewegung. Diese wird durch die sprachkundigen Angehörigen der slowenischen Volksgruppe in Kärnten erleichtert und vermittelt. Es zeigt sich allerdings bei genauerem Hinsehen, dass Slowenien besonders in den Jahren der kommunistischen Herrschaft anders geworden ist, auch kirchlich. Will man nicht bei einer oberflächlichen Nachbarschaft mit den allgemein bekannten beiderseitigen Vorurteilen (liberal-konservativ) stehen bleiben, könnte ein vorsichtiges, aber tiefer gehendes Aufeinander-Zugehen neue Perspektiven für beide Ortskirchen zur Folge haben. Aber ein solches Vorhaben ginge über die Dreiländerwallfahrt weit hinaus …

Einen spürbaren Impuls könnte in der Region der Mitteleuropäische Katholikentag setzen, der allerdings Friaul nicht zur Teilnahme einlud, obwohl es sich kulturell und politisch besonders stark als mitteleuropäische Region versteht. Der Mitteleuropäische Katholikentag hat sich österreichweit zum Ziel gesetzt, als »grenzüberschreitende Kirche Völker zu versöhnen, zu verbinden sowie Nationalismen zu überwinden«. Natürlich ist damit über Wallfahrten hinausgehendes politisch-gesellschaftliches Engagement von Christinnen und Christen gemeint, die, wie eine zweite Zielvorgabe es formuliert, »Verantwortung auf dem ›Bauplatz Europa‹ übernehmen« sollten. Auch wenn wir diese Ziele so schnell nicht erreichen werden, erste Schritte sind gesetzt, nicht zuletzt bei über 20 Dreiländerwallfahrten.

Die 2. Europäische Ökumenische Versammlung 1997 in Graz

Wilfried Nausner

Vorüberlegungen

Ökumene, damit ist das Gespräch und die Begegnung der christlichen Kirchen gemeint, vor allem Friedensarbeit. Nach jahrhundertelanger Anfeindung, bis hin zum Krieg, hat die ökumenische Bewegung eine Veränderung der Beziehungen der Kirchen Europas zueinander bewirkt. Die Feindschaft der Christen untereinander zu überwinden, war das erklärte Ziel der ersten ökumenischen Konferenzen und Begegnungen. Die ökumenische Bewegung selbst kommt aus der Konfrontation der christlichen Missionen, vor allem Asiens. In der Auseinandersetzung mit den wirklich Andersglaubenden entstand neu die Frage, ob es nicht eine christliche Einheit geben sollte.

Das wesentliche Ergebnis der ökumenischen Bewegung in Teilen Europas ist die Überwindung der Feindschaft und das Bewirken einer friedlichen, ja manchmal freundlich-wohlwollenden Grundstimmung. Manche werden sich daran erinnern, wie die Situation vor 40 oder 50 Jahren war. Die Beziehung der Kirchen war von Vorurteil, Ablehnung und beständiger übler Nachrede geprägt. Heute ist dies vielerorts anders, zumindest in Österreich. Bewusst wird gesagt, dass diese vorsichtige, aber sichtbare und erlebbare ökumenische Anfreundung nur bestimmte Teile Europas betraf. Aber selbst in den Ländern, die man vor nicht langer Zeit noch »Westeuropa« nannte, gab es verschiedene Geschwindigkeiten in der Annäherung. Bis vor etwa 14 Jahren gingen die meisten ökumenischen Impulse vom Ökumenischen Rat der Kirchen aus. Die übrige Welt war Europa in vielem voraus.

Die ökumenische Bewegung, organisiert oder weniger organisiert, ist vor allem eine Friedensbewegung. Ihre Themen sind vor allem von diesem Wunsch nach Frieden bestimmt. Die beiden großen europäischen Versammlungen, Basel („Frieden und Gerechtigkeit") und in dann die in Graz („Versöhnung"), stehen in dieser Tradition. Das Friedensthema wurde in Variationen zum eigentlichen ökumenischen Thema. Dort feierte man die größten und zweifelsfreisten Erfolge.

Historische Einordnung der Ökumenischen Versammlung von Graz

So war es auch bei der 2. Europäischen Ökumenischen Versammlung in Graz. Sie hat – historisch anders als die Versammlung von Basel – zu einem Zeitpunkt stattgefunden, in dem Europa eine neue Gestalt gewonnen hatte. Der Zusammenbruch der kommunistischen Regime hatte zu einem Neuaufflammen alter Vorurteile und Feindschaften geführt, nicht nur zum Aufbruch in ein neues Zeitalter. Nur ein Jahr später wäre es nicht möglich gewesen, eine derart repräsentative europäische Versammlung abzuhalten. Zu sehr zeichneten sich in Graz bereits die neuen (oder alten) Fronten ab. Das wirkliche Ergebnis von Graz ist, dass um des Friedens willen der ökumenische Dialog fortgesetzt wurde und bis heute fortgesetzt wird, obwohl es beständig wachsenden Widerstand dagegen gab.

Der Widerstand kommt heute sowohl aus den Kirchen des ehemaligen Ost- als auch aus Westeuropa. Der Anteil der ehemals westeuropäischen Kirchen besteht, dass sie das schlechte osteuropäische ökumenische Gesprächsklima beklagen, ihrerseits aber keinen Beitrag dazu leisten, dass es besser wird. Zu oft wird die Geringschätzung des ihrer Meinung nach zurückgebliebenen ökumenischen Gesprächs im Osten ausgedrückt. Im Westen hat man das Gefühl voranzusein und der andere müsse nachkommen. Die Kirchen bzw. kirchlichen Vertreter entsprechen in ihrer

Grundhaltung zumeist den politischen Grundhaltungen ihrer führenden Politiker. Dieser Hochmut lässt die ökumenische Bewegung ebenso wie die Völkerverständigung in Europa nur mühsam vorankommen.

Osteuropäische Kirchen, vor allem Mehrheitskirchen, bemühen sich, jene Würde wiederzubekommen, die sie meinen, dass sie ihnen auf Grund ihrer Größe und ihres Gewichts zustehe. Das mag mit positiven Ansätzen verbunden sein. Das Gespräch mit anderen Kirchen steht nicht auf der Prioritätenliste.

Versöhnte Gemeinschaft der Wenigen?

In Graz hat man sich auf das große ökumenische Thema, den Frieden zu suchen und Versöhnung als Gabe Gottes in Empfang zu nehmen, besonnen. Es ist neu bewusst geworden, dass kleine regionale Friedensschlüsse nicht darüber hinwegtäuschen dürfen, dass es in vielen Bereichen noch keinen Frieden der Kirchen und Völker gibt. Im Gegenteil, vor allem die großen Kirchen müssen sich damit auseinander setzen, dass das bisherige Prinzip der Aufsplitterung in regionale Machtbereiche nur mehr bedingt gilt.

Graz hat zu Recht das Thema »Versöhnung« als dringlich benannt. Die ökumenische Lage in Europa ist noch immer belastet und der Frieden bedroht. Demgegenüber sehen viele Christen eine Stagnation der Ökumene. Sie meinen, dass der Einigungsprozess der Kirchen schneller vorangehen müsste und eine sichtbare Einheit schon bald greifbar sein sollte. M. E. ist dies ein verständlicher, aber nicht durchführbarer Wunsch. Die Einschätzung, in der Ökumene schon weit vorangekommen zu sein, kommt aus der eigenen Erfahrung. Gute ökumenische Kontakte in manchen Ländern erlauben aber keinen Rückschluss auf ganz Europa. Tatsächlich ist die ökumenische Lage in Europa ungleich schwieriger und gar nicht so hoffnungsfroh. Wir müssen eine neue Gesprächskultur finden, die auch jene einschließt, die bisher wenig ökumenische Begegnungen kannten. Graz hat dies deutlich aufgezeigt. Wer es nicht sehen wollte, sieht dies auch heute nicht.

Einen vergleichbaren Vorgang gibt es in der Europäischen Einigung der EU. Tatsächlich wird die Einigung nur vorankommen, wenn die EU einen Neubeginn erlaubt. Der Versuch, ein Kerneuropa zu bilden, das arrogant und selbstgefällig den anderen davon läuft, ist eine große Gefahr. Die so genannte »Stagnation« der Ökumene bedeutet nur, dass bestimmte Themen unter heutigen Bedingungen nicht vorangebracht werden können, weil es keinen Konsens über ihren Vorrang gibt. Die Gefahr ist, dass manche Teile der Kirchen diesen Konsens im Kleinen herstellen wollen. Sie erhoffen sich davon eine Beispielwirkung, von der andere angesteckt werden könnten. Tatsächlich aber wird die Entfremdung größer. Der Grund ist, dass die eigentliche Aufgabe ökumenischen Bemühens, nämlich der Friede in Gerechtigkeit, in die zweite Spur rückt.

In Graz sind alle diese Fragen sichtbar geworden. Nicht immer wussten wir, wie wir damit umgehen sollten. Vor allem war es dann schwierig, wenn es um die Interessen der Kirchen und um ihre Bedeutung ging. Wenn es in der Ökumene darum geht, dass bestimmte Kirchen ihren Willen durchsetzen, dann ist wenig Raum für das Friedensthema und für versöhnte Gemeinschaft. Friedenspolitik und Kirchenpolitik stimmen nicht immer überein. Wenn es um ihre Interessen geht, verhalten sich Kirchen nicht anders als andere Organisationen.

Die ökumenische Bewegung, auch bei der Ökumenischen Versammlung in Graz, ist und war vor allem eine Friedensbewegung. Der Versuch, Konvergenzen und in den wesentlichen Glaubensfragen Übereinstimmung zu finden und zu formulieren, hat als wesentliches Ergebnis gute und gerechtere Beziehungen bewirkt. Organisatorische und inhaltliche Einheit ist aber nicht so rasch zu erwarten.

»Gemeinsam für den Frieden, die Versöhnung und die Menschen« könnte auch heute programmatisch sein. Die charta oekumenika und das Sozialwort in Österreich[1] weisen in die richtige Richtung. Eine zukünftige europäische Versammlung sollte in dieser Tradition stehen.

Vorrangige Aufgaben aus dem Schlussdokument heute

Aus dem Gesagten ist zu folgern: Die Themen der Ökumene heute sollen vor allem aus dem Kontext umfassender Versöhnung und achtsamer Anfreundung verfeindeter Völker und Kirchen kommen. In Graz haben sich diese Fragen abgezeichnet. Diese Themen könnten sein:

Das interreligiöse Gespräch. Es wird viel bringen, wenn sich die Kirchen darauf einlassen. Die Kirchen selbst und ihre Annäherung werden davon mehr profitieren, als von vielen vergeblichen Einigungsversuchen. Man erwartet davon die Rückbesinnung vieler auf das eigentlich »Christliche«. In Graz war klar, dass diese Auseinandersetzung dringend ansteht. Dieser Dialog bekommt seinen tieferen Sinn im Einsatz für den Frieden.

Die Frage nach einer gemeinsamen europäischen Identität. Manche meinen sie zu lösen, wenn die gemeinsamen »christlichen Wurzeln« in die Verfassung der EU irgendwie hinein kommen. Dieser Weg wird m. E. scheitern. Aber das Anliegen selbst ist wichtig.

Was eint uns Europäer? Wir können auch hier den ursprünglichen Friedenswillen der ökumenischen Bewegung gut gebrauchen. Man könnte sich der Frage widmen, wer welche Tradition für sich in Anspruch nimmt und ob die eigene Identität wirklich daher kommt, dass man eine Ge-

1 Sozialwort des Ökumenischen Rates der Kirchen in Österreich, Wien 2003.

schichte oder Tradition für sich in Anspruch nimmt, um andere a priori auszuschließen. Kirchen hätten in dieser Frage einen wichtigen Friedensbeitrag zu leisten. Sie müssten aber bei sich selbst beginnen. Dieser Frage begegnet man in ihrer Fragwürdigkeit, als ein Mann, der über seine Herkunft sprach, sagte: »Wir sind schon 800 Jahre in diesem Land.« Er meinte die Deutschen in Siebenbürgen. Dann sprach er von den Vorzügen der Siebenbürgerdeutschen. So wurden unter der Hand alle ihre Vorzüge zu den seinen. Solche Vorgänge von Identifikation gehören untersucht. Wer kann welche Tradition beanspruchen? Wer ist katholischer: Wer römisch-katholisch getauft ist und sich sonst nicht viel schert um Religion, oder ich, der methodistisch getauft ist, Thomas von Aquin gelesen habe, katholisches Kirchenrecht studiert und regelmäßig den Gottesdienst besuche? Hier ist noch etwas zu tun.

Gemeinsam feiern und handeln. Wir brauchen schöne ökumenische Feiern. Wahrscheinlich brauchen wir keine gemeinsame Liturgie, aber wir brauchen viel Phantasie, wie wir gemeinsam den Weg als Christen gehen und feiern. Dazu brauchen wir gemeinsame Themen. Dabei sollten wir aufmerksam sein, wo heute Unrecht geschieht und uns in den Dienst des Friedens in Gerechtigkeit stellen.

Stichworte: gerechtes Wirtschaften, der gemeinsame Haushalt Europa und der Welt; internationaler und regionaler Waffenhandel und Friedenseinsatz; soziale Gerechtigkeit.

Das sollte nicht nur Gegenstand gemeinsamen Nachdenkens, sondern auch gemeinsamen Feierns und Handelns sein. Hier warten zukünftige Aufgaben.

Das Problem: Kirchen sind oft auch Organisationen, die sich selbst nicht ändern wollen. Gerechtigkeit, Versöhnung und Frieden beginnen nicht bei den anderen, sondern bei uns selbst.

Wider die Larmoyanz!

Christliche Leitthemen auf dem Areopag des neuen Europa

Bischof Egon Kapellari

Ein historischer Rückblick lässt in den Jahrzehnten nach dem Zweiten Weltkrieg Europa müde erscheinen: eine »Alte Welt« im doppelten Wortsinn, scheinbar unaufhebbar gespalten in zwei Machtblöcke und als Westeuropa bedroht durch eine globale Marginalisierung. Das Projekt »Europäische Einigung« wurde begonnen und getragen vornehmlich von katholischen Gründergestalten wie Robert Schuman, Alcide de Gasperi, Konrad Adenauer und Charles de Gaulle. Dies hat seither wesentlich dazu beigetragen, diese Flaute zu überwinden. Dass einige Staaten, die einander in zwei Weltkriegen feindlich gegenüberstanden, nun in der Europäischen Union eine weiträumige europäische Friedenszone bilden und dass trotz vieler alter und neuer sozialer Wunden der Wohlstand in den EU-Ländern im Ganzen sehr zugenommen hat, gehört zu den großen Aktiva einer politischen Bilanz Europas zu Ende des 20. Jahrhunderts.

Das Jahr 2004 wird für die Europäische Union und für Europa ein weiterer Meilenstein auf dem Weg Europäischer Integration sein. Am 1. Mai dieses Jahres wurden in Rom die endgültigen Verträge zur Erweiterung der Europäischen Union um weitere zehn Staaten unterzeichnet. Die Europäische Union umfasst damit 25 Staaten. Die historische Tragweite dieses Integrationsprozesses kommt erst dann voller in den Blick, wenn bedacht wird, dass die meisten der Beitrittsländer exkommunistische Staaten sind. Estland, Lettland, Litauen, Polen, Slowakei, Slowenien, Tschechien und Ungarn werden also schon fünfzehn Jahre nach dem Fall des Eisernen Vorhanges voll integrierte Mitglieder der Europäischen Union sein. Dies ist ein entscheidender Schritt auf dem Weg zu einer nachhaltigen Stabilisierung in Europa. Bezogen auf diese Integrationsprozesse spricht der ehemalige polnische Außenminister Wladyslaw Bartoszewski von einer »Wiederentdeckung Mitteleuropas«, wobei hier an gegenseitigem Verständnis und Kennenlernen noch viel »nachzuholen« sei. In derselben Perspektive denkt auch der luxemburgische Premier Jean-Claude Juncker, der in einer Rede mit dem Titel »Europa auf dem Sprung« an der Katholischen Akademie in Bayern im Oktober 2003 sagte:

»Wir sind ja in unseren europäischen Gegenden so westlich kopflastig geworden, dass wir überhaupt nicht mehr merken, was im mittleren und östlichen Teil Europas passiert. Wir denken immer: Wir sind Europa. Wir sind natürlich überhaupt nichts ohne den anderen Teil Europas. Auch denken wir, wir hätten die europäische Idee geboren. Nichts ist falscher als das! In unserem Teil Europas beschäftigt man sich ja kaum noch mit Geschichte. Wer sich aber damit beschäftigt, auch mit der jüngeren Geschichte, wird unschwer feststellen können, dass die eigentliche Idee, die Europäische Union zu gründen, überhaupt keine, wie wir denken, westeuropäische Idee war, sondern eine mitteleuropäische Idee. Es waren die Exilregierungen Mitteleuropas in London, die die ersten Pläne zur Europäischen Union, die sie damals auch so bezeichnet haben, entworfen haben. Es waren die tschechische und die polnische Exilregierung, die den ersten Plan zur Integration des europäischen Kontinentes entworfen haben. In einem tschechisch-polnischem Entwurf kann man nachlesen, dass die beiden Regierungschefs damals festgelegt haben, den Plan zu verwirklichen, und sollte es gelingen, hätten die westeuropäischen Staaten auch mitmachen dürfen. Diese Menschen waren immer Europäer und hatten weiterführende europäische Ideen, bevor wir erst damit angefangen haben, diese europäischen Ideen überhaupt erst zu denken. Wenn wir so klug gewesen wären, wie wir denken, dass wir waren, dann hätte es ja vieles an Verheerendem gegeben, was man hätte verhindern können, wenn wir es ernst gemeint hätten mit unseren eigenen Entwürfen. Vergessen sind die Initiativen

von Coudenhove-Kalergi und vielen andern.« Soweit das Zitat aus der Rede Jean-Claude Junckers.

Der Mitteleuropäische Katholikentag, der zu einem wesentlichen Teil von der Kirche in Österreich organisiert und mitgetragen wurde, ist ein wichtiger Beitrag, das Bewusstsein für ein gemeinsames Europa in Ost und West zu stärken. An einer »Wallfahrt der Völker« nach Mariazell in der Zeit vom 21. bis zum 23. Mai 2004 nahmen Christen aus Österreich, aber auch aus sieben exkommunistischen Staaten (Slowenien, Kroatien, Bosnien-Herzegowina, Ungarn, Slowakei, Tschechien und Polen) teil. Die Bischofskonferenzen der einzelnen Beitrittsländer haben einen wichtigen Beitrag zur Information und positiven Motivation ihrer Katholiken betreffend die EU geleistet – man denke etwa an Polen – und wollen dies auch weiterhin tun. Der Mitteleuropäische Katholikentag und sein Höhepunkt in Mariazell können darüber hinaus ein starker und nachhaltiger Impuls sein für ein verstärktes und vertieftes Miteinander im mitteleuropäischen Raum.

Dieser Mitteleuropäische Katholikentag soll die Christen aber auch dazu ermutigen, Themen gemäß den Maßstäben des Evangeliums verstärkt in das öffentliche Bewusstsein Europas einzubringen. Bewusste Christen haben am Beginn des dritten Jahrtausends christlicher Geschichte keine biblische Rechtfertigung dafür, sich in Europa auf eine Kirche als »kleine Herde« zurückzuziehen in der bloßen Hoffnung auf eine neue Vitalität der Kirche in Afrika, Südamerika und einigen Ländern Asiens. Politischer Defaitismus und Larmoyanz betreffend Europa als eine »Alte Welt«, die scheinbar unaufhebbar in zwei Machtblöcke gespalten und als Westeuropa durch eine globale Marginalisierung bedroht war, sind ja durch das Projekt »Europäische Einigung« an seiner Wurzel getroffen und umgekehrt worden, auch wenn dieses Projekt von Rückschlägen bedroht bleiben wird. Es wäre schlimm, wenn einem doch weithin überwundenen politischen Defaitismus phasenverschoben ein kirchlicher Defaitismus und eine ihm entsprechende Larmoyanz folgen würden, weil das katholische und noch mehr das evangelische Milieu in Ländern wie den unseren weithin in Umformung oder Auflösung begriffen ist. Als Christen können wir aber davon überzeugt sein, dass Europa nicht ohne oder gegen die Christen, ohne oder gegen das Christentum gebaut werden kann. Die christlichen Kirchen und Gemeinschaften in Europa verfügen nach wie vor über große Ressourcen an Spiritualität, Solidarität und Barmherzigkeit und tragen und beseelen viel in der europäischen Gesellschaft, viel mehr als vielerorts bewusst ist.

»Man muss sich rühren« hat der große Theologe Hans Urs von Balthasar nicht lange vor seinem Tod gesagt und hat damit ein Wort von Goethe auf die Situation der heutigen Christen angewendet. Im Folgenden sind drei Leitthemen genannt, die Christen auf dem Areopag des neuen Europa schon heute verstärkt einbringen und weiterhin einbringen sollten.

Europäische Identität als eine Bedingung von Stabilität und Frieden in Europa

Im Vertrag zur Gründung der Europäischen Gemeinschaft wird in der Präambel der Entschlossenheit der vertragsabschließenden Parteien Ausdruck verliehen, »durch diesen Zusammenschluss ihrer Wirtschaftskräfte Frieden und Freiheit zu wahren und zu festigen« und die »Aufforderung an die anderen Völker, die sich zu dem gleichen hohen Ziel bekennen« ausgesprochen, »sich diesen Bestrebungen anzuschließen«. Der Raum der Europäischen Union ist abgesehen von Destabilisierungen in Nordirland und Spanien bereits eine Friedenszone, und die EU soll mehr und mehr eine Kraft zum Frieden im gesamteuropäischen Raum bis zum Ural und Kleinasien werden. Eine größer werdende Europäische Union erfordert aber neben funktionierenden politischen und wirtschaftlichen Strukturen vor allem eine gemeinsame Identität. »Der innere Frieden der Europäischen Union ist ohne ein Mindestmaß an Gemeinschaftsgefühl nicht zu gewährleisten« (Mokre/Puntscher-Riekmann). Deshalb darf die Frage nach einer »europäischen Identität« nicht ausgeklammert werden. Ferdinand Seibt, der kürzlich verstorbene Professor für Geschichte an der Universität Bochum, weist in seinem 2002 erschienenen und vielbeachteten Werk »Die Begründung Europas. Ein Zwischenbericht über die letzten tausend Jahre« darauf hin, dass Europa »eine historische Einheit« sei, »die innerhalb ihres Bereiches mehr Selbstbezüge als Fremdbezüge kennt«. Die europäische Kultur verheiße »eine rational intendierte Lebensbewältigung mit ihren eigenen Vorstellungen von Vergangenheit und Zukunft, mit ihrer Ordnung, Planung und Hoffnung, mit dem technischen Fortschrittsoptimismus und der klassischen Humanitätsidee« und mit einem »immer noch lebendigen Christentum«.

Der Mitteleuropäische Katholikentag weist mit seinen vielfältigen Veranstaltungen daraufhin, dass über die rechtlichen und ökonomischen Ordnungen der EU hinaus die kulturellen und religiösen Wurzeln und Fundamente des Projektes »Vereintes Europa« nicht vergessen werden dürfen. In seiner Grußbotschaft zum Beginn des Projektes »Mitteleuropaischer Katholikentag« hat Papst Johannes Paul II. wörtlich gesagt: »Es tut Not, dass Europa seine christliche Identität wiedererlangt und neu lebt; erst dann wird es der Welt jene Werte vermitteln können, auf die der Friede unter den Völkern, soziale Gerechtigkeit und internationale Solidarität gründen.« Der metaphorische Wunsch des früheren Präsidenten der Europäischen Kommission, Jacques Delors, man möge dem neuen Europa eine Seele geben, hat nichts an Aktualität verloren. Michel Rocard, ehemaliger französischer Premier und nunmehriger Abgeordneter zum Europaparlament, schrieb im Frühsommer des Jahres 2003 in einer österreichischen Tageszeitung: »Obwohl es sich von selbst versteht, dass es im Interesse aller Europäer liegt, den definitiven und dauerhaften Frieden in Europa auf eine starke, institutionelle Grundlage zu stellen und die Märkte pragmatisch zu einigen, ist dies noch kein ausreichender Impuls für eine Gemeinschaft von 25 Mitgliedern. Ein tieferer, gemeinsamer Zweck ist erforderlich.« Im vorliegenden Textvorschlag für eine neue Verfassung der EU werden solche grundlegenden Werte wie Menschenrechte, Solidarität, Gerechtigkeit, Freiheit, für deren Entstehen – so Rocard – »der christliche Einfluss von besonderer Bedeutung war«, benannt. Valentin Zsifkovits, der emeritierte Grazer Sozialethiker, schreibt in einem seiner letzten Bücher mit dem Titel »Demokratie braucht Werte« unter Bezugnahme auf den deutschen Staatsrechtslehrer Böckenförde: »Jede echte Demokratie lebt von Voraussetzungen, die sie selbst, wenn überhaupt, nur beschränkt zu garantieren vermag, die im Wesentlichen von Bürgerinnen und Bürgern geschaffen, gesichert, gefördert und gelebt werden müssen.« Entsprechendes gilt auch für das politische und soziale Leben der Europäischen Union. Wer oder was aber – so ist zu fragen – sind die Ressourcen für Wertehaltungen und Wertebewusstsein der Menschen in Europa? Hier kommt nach Überzeugung vieler den christlichen Kirchen in Europa eine bedeutende Rolle als Ethos-formende Kräfte zu. Das christliche Erbe Europas sollte daher gerechterweise als eine der stärksten Quellen der kulturellen und ethischen Identität Europas neben anderen wichtigen Quellen auch in der Präambel zur künftigen Verfassung der Europäischen Union benannt werden. Das Christentum ist eine der Hauptwurzeln für das heutige Europa. Das können auch ehrliche Kirchenkritiker nicht leugnen, und es sei hinzugefügt: Europa hat keinen Grund, sich seines christlichen Erbes zu schämen.

In meiner Sylvesteransprache 2003 im Grazer Dom habe ich dazu Folgendes gesagt: *»Rund 80 Prozent der Gesamtbevölkerung der Europäischen Union nach deren Erweiterung sind christlich getauft. Auch wenn viele von ihnen nur wenig aus dieser Taufe leben, so kann man doch sagen, dass es in den meisten EU-Ländern so etwas wie eine stark christlich geprägte Leitkultur gibt. Ein Ver-*

schweigen dieser christlichen Wurzel im öffentlichen Leben und in einer künftigen EU-Verfassung wäre keineswegs eine notwendige Konsequenz von Toleranz gegenüber Nicht- oder Andersgläubigen, die uns Christen heute selbstverständlich sein müsste, sondern eine Intoleranz gegenüber tragenden Elementen der Identität einer Mehrheit der Bevölkerung in den meisten EU-Ländern. Es geht dabei gewiss vor allem um das Korpus, um den Inhalt einer solchen Verfassung, aber es geht auch um eine Präambel. In den meisten alten und neuen Staatsverfassungen Europas gibt es eine solche Präambel und sie ist nicht bloß eine Zierleiste. Die bisher vorliegenden Entwürfe für einen solchen Text sowohl auf EU- wie auf Österreich-Ebene sind zu diskutieren, aber nicht billig abzuqualifizieren.«

In der Präambel einer Verfassung soll die kulturelle Identität einer Gemeinschaft zum Ausdruck gebracht werden. Eine solche Präambel ist zwar verfassungsrechtlich nicht unbedingt notwendig, aber für das oben benannte, den inneren Frieden gewährleistende Gemeinschaftsgefühl von nicht zu unterschätzender Bedeutung. Zum Streit um einen Gottesbezug in der Verfassung hat sich in der Tageszeitung »Die Presse« (am 5.1.2004) der New Yorker Verfassungsrechtler Joseph Weiler meines Erachtens sehr treffend geäußert: »Die Weigerung, einen derartigen Gottesbezug in die Verfassung aufzunehmen, beruht auf einem falschen Argument, das Säkularismus mit Neutralität oder Unparteilichkeit verwechselt. In der Präambel geht es um eine Entweder-Oder-Entscheidung: Ja zu Gott, Nein zu Gott. Warum soll der Ausschluss eines Gottesbezuges neutraler sein, als seine Aufnahme? Damit wird eine Weltanschauung, nämlich der Säkularismus, einer anderen, der Religiosität, vorgezogen und das unter dem Deckmantel der Neutralität.« Weiler meint, es sollten beide Traditionen – nämlich Aufklärung wie Religion – in einer Präambel zum Ausdruck kommen, weil dies auch den Bürger/innen in Europa und ihren unterschiedlichen weltanschaulichen Herkünften entspräche. Europa könne nämlich »nicht kulturellen Pluralismus predigen und verfassungsmäßigen Imperialismus praktizieren«.

Als Europareferent der Europäischen Bischofskonferenz habe ich in mehreren Interviews gesagt, dass die Präambel der nachkommunistischen polnischen Verfassung vom Jahr 1997 auch Vorbild für eine Präambel der Verfassung der EU sein könnte. Im polnischen Text heißt es: »In Sorge um den Bestand und die Zukunft unserer Heimat … beschließen wir, das Volk Polens – sämtliche Staatsbürger der Republik, ebenso diejenigen, die an Gott glauben, welcher Quelle der Wahrheit, der Gerechtigkeit und des Guten und des Schönen ist, wie auch diejenigen, die diesen Glauben nicht teilen und diese universellen Werte aus anderen Quellen ableiten … im Gefühl der Verantwortung vor Gott oder vor dem eigenen Gewissen die Verfassung der Republik Polen …«. Diese polnische Präambel wäre nach meiner Überzeugung für eine künftige Verfassung der Europäischen Union und für eine neue Österreichische Bundesverfassung geeignet, weil sie anerkennt, dass die große Mehrheit der Gesamtbevölkerung christlich getauft ist, und weil sie zugleich Nichtglaubende oder Andersglaubende nicht bevormundet. Vor allem Frankreich ist jedoch massiv dagegen und wird sich damit vermutlich durchsetzen. In Österreich ist seitens der katholischen Bischöfe bezüglich einer allfälligen Präambel der Bundesverfassung noch nicht das letzte Wort gesprochen. Der neue Innsbrucker Bischof Manfred Scheuer hat treffend gesagt: »Um des Menschen und der Menschenrechte, um der Unverfügbarkeit des Menschen willen hat es Sinn, wenn Gott in der Verfassung steht.«

Solidarität und soziale Gerechtigkeit

Der materielle Wohlstand hat in den EU-Ländern im Ganzen sehr zugenommen und wird sich nach einer Zeit des Übergangs auch auf die neuen Mitgliedsländer ausdehnen. Entgegen der verbreiteten Skepsis gegenüber der EU und ihrer Erweiterung ist auch zu sagen, dass nur eine möglichst großräumige Europäische Union ein Garant dafür sein kann, dass weltweit ziemlich einzigartige soziale und kulturelle Standards in Europa den Auswirkungen einer wilden, ungezügelten Globalisierung widerstehen können. Gegen die Dynamik einer solchen, von außen andrängenden Globalisierung kann man sich nicht mehr auf nationaler Ebene, sondern nur noch großräumig absichern.

Der Blick auf die neuen Mitgliedsländer der EU macht aber auch deutlich, dass sich die Europäische Union verstärkt auch in die Richtung einer Sozialunion wird bewegen müssen. In einem Bericht der Kirchen und ihrer Verbände an die Europäische Union vom Jahr 1997 wird die Forderung nach »dem Primat der Politik, der Steuerung der Wirtschaft nach sozialen, partizipativen und ökologischen Standards« ausgesprochen und damit »ein Paradigmenwechsel der europäischen Wirtschafts- und Sozialpolitik«[1] eingefordert. In einem Bericht der Kommission VI für gesellschaftliche und soziale Fragen der Deutschen Bischofskonferenz aus dem Jahr 1998 heißt es: »Staatliche Politik hat darauf zu achten, dass die Rahmenbedingungen für die Entfaltung unternehmerischer Initiative günstiger werden. Andererseits bewirkt der wirtschaftliche Wachstumsprozess nicht automatisch sozialen Zusammenhalt. Hier ist es Aufgabe des Staates, die Voraussetzungen für mehr Beteiligungsgerechtigkeit zu schaffen.«[2] Sonst droht eine »Gesellschaft mit zwei Geschwindigkeiten, die durch einen tiefen Riss gespalten ist, der Spannungen und Konflikte nach sich zieht«[3]. Europa steht mit dem »Prozess der Europäisierung Europas« vor der Aufgabe, unterschiedliche wirtschaftliche und soziale Geschwindigkeiten zu integrieren und aufeinander abzustimmen, wenn der fortschreitende Einigungsprozess gelingen soll. In Europa als einem Raum sozialer Gerechtigkeit sollten aber auch Kräfte für eine weltweite Solidarität besonders mit Völkern in großer Not immer stärker werden.

Zum Gelingen eines gemeinsamen Europa und insbesondere zum Aufbau einer europäischen Sozialunion können die synthetische Kraft des Christentums und die Prinzipien der Katholischen Soziallehre Wesentliches beitragen. Das Christentum hat ja, aufruhend auf einem gesamtbiblischen Fundament, in das gemeinsame europäische Bewusstsein fundamentale Prinzipien der Humanität eingeprägt, die auch in so genannt nachchristlichen Gesellschaftssegmenten auf vielfältige Weise prägend sind: etwa das Prinzip der unveräußerlichen Würde jedes Menschen als Person und das Prinzip einer geschwisterlichen Solidarität aller Menschen über die Grenzen von Kulturen, Völkern und Religionen hinaus, um nur zwei zu nennen. Diese Prinzipien und auch andere Prinzipien der katholischen Soziallehre können Grundlage einer europäischen Sozialunion sein.

Bezogen auf Bemühungen um den sozial längst nötigen Aufbau einer neuen Kultur der Askese bezeichnete Kurt Jungwirth, Präsident der avantgardistischen Kulturinitiative »Steirischer Herbst«, in einer Veröffentlichung des Karl Kummer Institutes Graz authentisch lebende Christen, »die Verzicht verlangen und vorleben«, als die »wahren Helden«. Jungwirth wörtlich: »Die Weisheiten, die sie (...) über Jahrhunderte heraufgerettet haben, sind unentbehrlich. Sie bewahren, wie Carl Friedrich von Weizsäcker, Physiker und Philosoph, sagte, ein Wissen vom Wesen des Menschen, das tiefer wurzelt als die Rationalität der Neuzeit.« In diesem Sinne sei gelebtes Christentum auch ein »Störenfried« für einen ungehemmten Ökonomismus – soweit Kurt Jungwirth.

Achtung und Förderung des Lebens

Die Würde des menschlichen Lebens ist unteilbar. Christen sind Freunde dieses Lebens in allen seinen Dimensionen, sei es geboren oder noch ungeboren, sei es entfaltet oder behindert, sei es zeitlich oder ewig. Die Unteilbarkeit der Würde des Lebens von der Zeugung bis zum Tod wird aber heute von verschiedenen Seiten her und aus verschiedenen Gründen auf beklemmende Weise in Frage gestellt.

Die aktuelle Debatte über eine aktive Sterbehilfe lässt befürchten, dass eines Tages ein sublimer oder sogar direkter Druck auf schwerkranke und alte Menschen ausgeübt werden könnte, sich den Tod geben zu lassen oder selbst zu geben, weil eine ansehnliche gesellschaftliche Gruppe den organisierten Freitod gesellschaftsfähig gemacht hat. Die richtige Antwort auf das Leid am Ende des Lebens ist Zuwendung, Sterbebegleitung – besonders auch mit Hilfe der Palliativmedizin – und nicht »aktive Sterbehilfe«. Der Dachverband der Hospizdienste Österreichs hat sich schon vor Jahren ebenso gegen eine künstliche Verlängerung des Sterbens wie gegen »aktive Sterbehilfe« ausgesprochen. Um eine humane Sterbebegleitung durchzusetzen, bedürfte es freilich baldigst struktureller Reformen in allen Bereichen des Medizin- und Sozialsystems und des Aufbaus palliativer Versorgungssysteme. Es bedarf aber auch konkreter Schritte: in der psychischen und seelsorglichen Begleitung schwer Kranker und Sterbender, der Familienangehörigen, der Ärzte und des Pflegepersonals. Die Hospizbewegung leistet hier Großartiges. Man kann aber nicht das ganze Bündel solcher Aufgaben an sie delegieren. Viele weitere Menschen müssen bereit sein, sich die Zuwendung zu schwer Kranken und Sterbenden Zeit und auch Geld kosten zu lassen.

Auch um den Schutz beginnenden Lebens muss heute im Horizont von Genforschung und Präimplantationsdiagnostik verstärkt gerungen werden. Was bedeuten Menschenwürde und Schutz der Person besonders im Blick auf die noch nicht entfaltete Personalität des Embryo? Ab welchem Zeitpunkt, unter welchen Bedingungen und nach welchen Kriterien der Güterabwägung stehen diese Individuen unter einem nicht kündbaren Schutz? Der ehemalige Präsident der deutschen Forschungsgemeinschaft und derzeitige Präsident der Alexander-von-Humboldt-Stiftung, Professor Wolfgang Frühwald, ortet gegenwärtig in Fragen betreffend das Menschenbild einen »Kulturkampf« zwischen einem christlichen, zumindest kantianischen Menschenbild auf der einen Seite und einem szientistisch-sozialdarwinistischen Menschenbild auf der anderen Seite.

Vor kurzem hat in diesem Zusammenhang der Philosoph Peter Strasser auf die Bedeutung der jüdisch-christlichen Kategorie der Kreatürlichkeit hingewiesen: *»Man hört Dostojewskijs Regel nur ungern, aber wahr ist sie trotzdem: Wenn wir uns nicht als Teil der Schöpfung begreifen können oder wollen, sondern bloß als Teil einer moralindifferenten Entfaltung des Lebens in einem wertindifferenten Universum, dann ist uns im Grunde alles erlaubt. Wir müssen nur mächtig genug sein, um das, was wir wollen, auch durchzusetzen. Ein konsequenter Moralist glaubt nicht an Menschenrechte und schon gar nicht an Rechte, die in einer unantastbaren Würde des Menschen gründen. Menschenwürde ist Metaphysik. Warum also sollten die Menschen – utopisch gesprochen – nicht über sich hinaus gehen und Herrenmenschen züchten? Und warum sollten dann die Herrenmenschen nicht humanoide Kreaturen züchten, die keinen sehnlicheren Wunsch haben als den, ihren Erzeugern zu dienen? In einer Welt, die sich der Kategorien des Unantastbaren entledigt hätte, wären derlei Fragen rhetorisch. Denn die Antwort stünde fest: Warum nicht?«*

Die Frage des Menschenbildes betrifft eine der Hauptsorgen unserer Gesellschaft, die sich aus der geringen Zahl an Kindern und an jungen Menschen ergibt. Hier wird eine Rechnung präsentiert, an deren Zustandekommen gewiss viele Ursachen beteiligt waren und sind. Man sollte sich eine diesbezügliche Analyse nicht zu leicht machen und die Erwartungen einer Wende zum Besseren nicht nur der Politik, zumal der Finanzpolitik zuschieben. Fundamentaler ist die Frage, welches Menschenbild in unserer Gesellschaft dominiert. Je mehr eine Gesellschaft sich als eine Spaßgesellschaft versteht, die als solche wenig Kraft hat, sich selbst in einer neuen Generation zu reproduzieren, desto weniger Aussicht gibt es auf eine weitreichende Trendwende. Inmitten dieser Situation sollten entschlossene Christen zäh festhalten am Ideal stabiler familiärer Beziehungen, auch wenn sie damit noch eine Minderheit sind. Sie sind nicht die Nachhut einer sterbenden, sondern die Avantgarde einer kommenden Gesellschaft, die Europa nicht zu einem müden Abendland, sondern zu einem Morgenland mit Zukunft werden lässt.

Darüber hinaus sollen sich Christen aber auch für ein Europa als einen Raum einsetzen, in dem der Auftrag Gottes an die Menschheit ernst genommen wird, sie möge die Umwelt als Mitwelt verstehen und sorgsam pflegen. Die Krise der übertechnisierten Landwirtschaft in einigen westeuropäischen Ländern wird, so ist zu hoffen, ein Umdenken und eine Umkehr zu einer ökosozialen Wirtschaft fördern.

Schluss

Die katholischen Bischöfe Österreichs haben in der Vergangenheit mehrmals und zuletzt in der von der Österreichischen Bischofskonferenz herausgegebenen Schrift »Kirche auf dem Bauplatz Europa« (Wien 2003) erklärt, dass Europa einem großen Bauplatz gleiche und dass Christen gerufen sind, hier mitbauend, mitgestaltend tätig zu sein. Christen müssen für ein Europa der Zukunft Allianzen suchen. Europa sollte mindestens im Raum der Europäischen Union in ihrer jetzigen und zukünftigen Ausdehnung von solchen Allianzen geprägt sein: Allianzen für eine volle Verwirklichung der Menschenrechte, für eine sich ständig von ihren Idealen her erneuernde Demokratie, die den Prinzipien der Personalität, Solidarität und Subsidiarität verpflichtet ist; Allianzen für die Achtung vor dem menschlichen Leben in allen Phasen von der Empfängnis bis zum Tod, für die Stärkung der Familie, die Bekämpfung der Arbeitslosigkeit, die ökologische Verantwortung für die Umwelt als Mitwelt und Allianzen für ein solches Vertrauen in die Zukunft, dass die Überalterung der Gesellschaft nicht nur durch Zuwanderung verhindert werden kann; Allianzen schließlich auch für eine weltweite Solidarität in allen echt humanitären Anliegen.

Damit solche Allianzen gelingen, müssen die Partner solcher Allianzen ihrer selbst gewiss sein. Christen müssen in ihren verschiedenen Lebenswelten als solche erkennbar sein. Der diagnostizierte quantitative Rückgang der Zahl der Christen, zumindest im westlichen Europa, darf aber nicht zu voreiligen und trendkonformen Anpassungen des Christentums an den Zeitgeist führen. Das paulinische »Nolite conformari« verpflichtet die Christen, wie der deutsche Dominikaner und Sozialethiker Ockenfels betont, immer auch »zum Nonkonformismus gegenüber Zeitgeist und Zeitgeistansage«. Christen sind und bleiben Doppelbürger. Sie gehören einerseits zur Erde, sie sind ein Teil der Erde und verstehen sich andererseits als Pilger zu einem Zustand endgültiger Reife, den wir biblisch-theologisch Himmel nennen. Diese doppelte Bindung verpflichtet, das Irdische als Medium der Reifung höchst ernst zu nehmen und sich andererseits nicht so daran zu klammern und darin zu verkrallen, als ob es nichts Größeres gebe als die »Gestalt der Welt«, die ja vorübergeht, wie der Apostel Paulus gesagt hat. Darüber hinaus sollte der im Evangelium fundierte missionarische Grundauftrag der Christen nicht vergessen werden. Wer eine ihn wirklich positiv verwandelnde Begegnung mit Gott, mit Christus und mit einer authentisch christlichen Gemeinschaft erlebt hat, der will diese Werterfahrung an andere weitergeben und mit ihnen teilen. Er wird dazu seine ganze Phantasie aufbieten, aber jede Art von Zwang oder List vermeiden, weil er sonst die Botschaft Christi entehrt. Jedenfalls wird er sich nicht mit einer verbürgerlichten Religiosität begnügen können, die einem Ofen gleicht, der allein sich selbst wärmt. »Zeige uns Jesus« haben nach dem Zeugnis des Johannesevangeliums heidnische Griechen zu den Jüngern Christi gesagt. Christen in Europa sollten immer wieder ihren Mitmenschen Christus zeigen wollen. »Give me Jesus« –

gib mir Jesus – singen heute junge Leute auch in Europa in einem bekannten Gospellied. Wir müssen als Christen sensibel sein für diesen oft nur implizit ausgesprochenen Wunsch.

Der gesamtkulturelle Ertrag von mehr als 2000 Jahren Wirkungsgeschichte des Christentums in Europa ist kontrovers, sowohl innerhalb der Kirche selbst wie im Kreis der Gegner des Christentums. Der oft gehörte Vorwurf freilich, die Kirche habe die Menschheit nicht kollektiv verwandeln können, weil Europa vom Ethos der Bergpredigt anscheinend immer noch so weit entfernt ist wie am Anfang des Christentums, verkennt, dass das Christentum von seiner Wurzel her keine Verheißung hat, ein innerweltliches Paradies herzustellen. Im Gegenteil sind die christlichen Kirchen im Ganzen immer utopiekritisch gewesen. Immanuel Kants nüchterne Anmerkung, der Mensch sei aus krummem Holz geschnitzt, entspricht einer christlichen Sicht auf den Menschen und seine Gebrochenheit zwischen Ideal und Realität. Theologisch spricht man in diesem Kontext von Erbsünde.

Im am Evangelium geprüften Selbstverständnis des Christentums wirkt dieses wie ein geduldiges Ferment innerhalb der verschiedensten Gesellschaftsmodelle. Es kann nie eine Gesellschaft zur Theokratie verwandeln, sondern ist ein beständiger eschatologischer Vorbehalt gegenüber der jeweiligen Gesellschaft. Das Christentum hat nicht die Verheißung, die Welt jemals als Ganze in ein Paradies zu verwandeln. Wohl aber schafft es immer neu Inseln einer neuen Welt, die sich oft ausweiten und oft auch wieder verschwinden. Heinrich Böll, ein sehr strenger Kritiker der Kirche, hat seine im Kern dennoch unerschütterte Christlichkeit mit folgenden Worten zum Ausdruck gebracht: »Selbst die allerschlechteste christliche Welt würde ich der besten heidnischen vorziehen, weil es in einer christlichen Welt Raum gibt für die, denen keine heidnische Welt je Raum gab: für Krüppel und Kranke, Alte und Schwache, und mehr noch als Raum gab es für sie: Liebe für die, die der heidnischen wie der gottlosen Welt nutzlos erschienen und erscheinen ...« In einer Gesellschaft, die so vielen Ungeborenen durch Abtreibung das Licht des Lebens verweigert und die andererseits unter dem Titel der Humanität Euthanasie propagiert, sind diese Worte Bölls von unverminderter Aktualität.

Die Bischöfe der acht Länder des Mitteleuropäischen Katholikentages ermutigen in einer Botschaft die Christen, ihren Blick nach vorne zu richten: »Als Christen haben wir nicht nur eine Vergangenheit, sondern vor allem auch eine Zukunft.«

»Christus, Hoffnung Europas« war das Leitwort für diese »Wallfahrt der Völker« nach Mariazell im Mai 2004. Im Mariazeller Gnadenbild zeigt Maria den pilgernd hier eingekehrten Menschen aus vielen Ländern Europas das Christuskind. Ein vertiefter Blick auf dieses Kind wäre heute und morgen besonders notwendig, weil Europa trotz seiner Ressourcen an innovatorischen Gaben in Kultur, Wissenschaft und Wirtschaft in vieler Hinsicht auch eine alte, vergreisende Welt zu werden droht.

Der auferstandene Christus spricht das Wort »Fürchtet euch nicht!«. Dieser Zuspruch steht allerdings unter einer Bedingung. Er sagt, genauer ausgedrückt: Ihr braucht euch vor nichts Kommendem fürchten, wenn ihr euch an das haltet, was das Kind im Gnadenbild von Mariazell als Mann aus Nazaret gesagt und getan hat; wenn ihr den Weg geht, den er euch vorausgegangen ist.

Als Christen sollten wir auf die Defizite wie auf die Verheißungen unserer Gesellschaft inmitten des Bauplatzes Europa und zumal des Projektes »Europäische Union« mit einem gläubigen Realismus reagieren. In dem Maße wir glauben können, dass Gott, dass Christus uns ebenso auf dem Weg durch Grünland wie auf dem Weg durch Steppe oder Wüste begleitet, können wir in all dem auch unverdrossen Hoffende sein. Es geht um eine biblisch-christliche, nüchterne Hoffnung, die tiefere Wurzeln hat als ein zivilgesellschaftlicher Optimismus.

Anmerkungen

1 Armut und soziale Ausgrenzung. Bericht der Kirchen und ihrer Verbände an die Europäische Union. Kathpress Sonderpublikation Nr. 2, 1997, S. 5.

2 Mehr Beteiligungsgerechtigkeit. Beschäftigung erweitern, Arbeitslose integrieren, Zukunft sichern: Neun Gebote für die Wirtschafts- und Sozialpolitik. Memorandum einer Expertengruppe berufen durch die Kommission VI für gesellschaftliche und soziale Fragen der Deutschen Bischofskonferenz. Bonn 1998 (Die deutschen Bischöfe – Kommission für gesellschaftliche und soziale Fragen 20), 8. Zur Beteiligungsgerechtigkeit vgl. auch Heimbach-Steins, M., Beteiligungsgerechtigkeit. Sozialethische Anmerkungen zu einer aktuellen Diskussion, in: Stimmen der Zeit 124 (1999) 147–160.

3 Armut und soziale Ausgrenzung, S. 4.

Zur pastoralen Bedeutung des »Mitteleuropäischen Katholikentages 2003/2004« und der »Wallfahrt der Völker« nach Mariazell

Heinrich Schnuderl

Zu den Kennzeichen der Gegenwartssituation hat das Zweite Vatikanische Konzil das zunehmende Einswerden der Menschheit bezeichnet. »Das Schicksal der menschlichen Gesellschaft wird eines und ist schon nicht mehr aufgespaltet in verschiedene geschichtliche Abläufe« (GS 5). Es gehört zum Selbstverständnis der Kirche, dass sie alle Bestrebungen, die zur Einheit der Menschheit führen sollen, unterstützt. »Förderung von Einheit hängt ja mit der letzten Sendung der Kirche zusammen, da sie ›in Christus gleichsam das Sakrament, das heißt Zeichen und Werkzeug für die innigste Vereinigung mit Gott wie für die Einheit der ganzen Menschheit‹ (LG 1) ist« (GS 42).

Nach den Kriegen des 20. Jahrhunderts sind wir Zeugen dieses Einswerdens. 1990 haben die Staats- bzw. Regierungschefs der 34 KSZE-Staaten in einer »Charta von Paris für ein neues Europa« formuliert: »Das Zeitalter der Konfrontation und der Teilung Europas ist zu Ende gegangen … Ein neues Zeitalter der Demokratie, des Friedens und der Einheit bricht in Europa an«[1]. Das Pathos dieser Erklärung ist verständlich angesichts der Trennungen, die die beiden Weltkriege hervorgebracht hatten, angesichts der Bilder gewaltsamer Niederschlagung des Freiheitswillens der Völker, die mit den Jahreszahlen 1953 (Berlin), 1956 (Ungarn und Polen), 1968 (»Prager Frühling«) und 1981 (Polen) verbunden sind, und angesichts des »annus mirabilis 1989«, in dem der Eiserne Vorhang gefallen ist. Aber schon 1991 hat Papst Johannes Paul II. in seiner Sozialenzyklika *Centesimus Annus* warnend geschrieben: »Europa wird nicht in Frieden leben können, wenn die vielfältigen Konflikte, die als Folge der Vergangenheit aufbrechen, sich durch wirtschaftlichen Niedergang, geistige Unzufriedenheit und Verzweiflung verschärfen.« Tatsächlich folgten auf die Pariser Charta die Balkankriege der Neunzigerjahre. »Ein neues Zeitalter?«

Trotzdem: Die Aufnahme von zehn neuen Staaten in die Europäische Union mit 1. Mai 2004 ist ein gewaltiger Schritt hin zu einer neuen europäischen Einheit – für die EU zugleich die »größte Herausforderung seit ihrer Gründung vor mehr als 50 Jahren«. Das Sozialwort des Ökumenischen Rates der Kirchen – veröffentlicht zum 1. Adventsonntag 2003 – sieht als Aufgabe der kommenden Jahre: »Es braucht ein gemeinsames Aufarbeiten der Geschichte, Begegnungen über Grenzen hinweg und Eingeständnis von Schuld, um ein gemeinsames Europa der Zukunft zu bauen«[2]. Europa bleibt »ein Bauplatz«, auf dem – nach einem Wort von Bischof Egon Kapellari – auch Christen »mitbauend und mitgestaltend tätig« sind und bleiben sollen[3].

Welchen Beitrag können die Christen und die Kirchen leisten?

Christen und die Kirchen haben schon bisher ihren Beitrag für ein Zusammenwachsen der europäischen Völker geleistet. Dafür stehen z. B. die Wallfahrtsorte, die seit jeher Orte übernationaler, grenzüberschreitender Begegnungen sind, in unserem mitteleuropäischen Raum vor allem Mariazell. Die Namen, die das Mariazeller Gnadenbild, eine einfache romanische Marienstatue mit dem auf ihr thronenden Jesuskind, erhalten hat, sind ein Zeichen dafür: *Magna Mater Austriae, Magna Domina Hungarorum, Regina Slavorum Gentium.*

Aber auch in den letzten Jahrzehnten waren es vor allem Christen, die durch unauffällige Besuche den Kontakt über den Eisernen Vorhang aufgenommen und aufrechterhalten haben. Die Besuche des 2004 verstorbenen Kardinals König beim ungarischen Kardinalprimas Mindszenty in dessen Budapester Asyl in der amerikanischen Botschaft sind bekannt geworden. Wichtig waren die regelmäßigen Kontakte zu Dissidenten, die z. B. Dr. Erhard Busek in der Zeit der kommunistischen Regime aufgebaut hat. Die riskanten, manchmal auch mit Abenteuergeist unternommenen Reisen von Studierenden zu Studentengemeinden in der DDR, in die CSSR zum Prager Kardinal Tomašek, die seit Jahrzehnten betriebenen Kontakte der Katholischen Hochschuljugend Österreichs zur Studenten- und Akademikerseelsorge in Polen, Kontakte zu Pfarrgemeinden und Diözesen im ehemaligen Jugoslawien ... konnten im Interesse sowohl der Besuchten als auch der Besucher/innen unbeachtet bleiben, haben aber ein unsichtbares Netz geknüpft.

Viele solcher Kontakte konnten seit 1989 auch offiziell zu Partnerschaften ausgebaut werden, zu einem Geben und Empfangen auf beiden Seiten. Die Glaubenskraft und nüchterne Einschätzung des Auftrages der Kirche z. B. in den neuen deutschen Bundesländern haben zu einer pastoralen Neuorientierung im Westen geführt, man denke an die Impulse, die der Bischof von Erfurt, Dr. Joachim Wanke, für die Entwicklung der Seelsorge seit Jahren gibt[4]. Besonders wichtig und langfristig wirksam sind grenzüberschreitende Pfarrpartnerschaften geworden, die Beziehungen von Person zu Person, Einblicke in Lebenslagen und die Glaubenssituation ermöglicht haben und trotz sprachlicher Barrieren helfen, nationale Ressentiments zu überwinden. Das ist der Humus, in den die Idee von einem Mitteleuropäischen Katholikentag und der »Wallfahrt der Völker« gelegt worden ist.

Ehrlich muss man eingestehen, dass die Bedeutung eines solchen Weges nicht überall und von allen Verantwortlichen gleich erkannt und eingesehen worden ist. Der Vorwurf, man flüchte mangels anderer pastoraler Ideen in große Events, war zu hören. Gemeinden, die sehr mit sich selbst beschäftigt sind, haben die Notwendigkeit der Motivation und Vorbereitung für die Wallfahrt als Störung des pfarrlichen Jahrlaufs empfunden. Es war wichtig, den Katholikentag und die Wallfahrt in Beziehung zum Gesamtauftrag der Kirche zu bringen.

Das Motto »Christus – Hoffnung Europas«

Dass Europa vom Christentum geprägt ist, ja dass das Christentum in die Kultur Europas wesentliche Werte eingebracht hat, ist selbstverständlich und unbestritten. Weniger bewusst dürfte sein, wie sehr unsere Rechtsordnung und das dahinter stehende Menschenbild vom Christentum geprägt ist: Wolfhart Pannenberg hat deutlich gemacht, »dass der Begriff der Menschenwürde nicht ohne weiteres ablösbar sein dürfte von dem Begründungszusammenhang der christlich-abendländischen Überlieferung. Dies gilt jedenfalls dann, wenn nach einer Begründung für dieses Prinzip gefragt wird und es nicht einfach als selbstevident hingenommen wird«[5]. Die Leitfrage, unter der der zweite Kongress der Europäischen Gesellschaft für Katholische Theologie 1995 in Freising zur Zukunft des Glaubens in Europa gestellt worden ist, bleibt aber akut: »Gott – ein Fremder in unserem Haus?«[6]. Wenn die christlichen Wurzeln, aus denen Europa gelebt hat und noch immer lebt, auch in Zukunft tragen und erneuernd wirken sollen, wird es darauf ankommen, den inflationären Gebrauch von »christlich« zu überwinden und auf den österlichen Glauben an Jesus Christus zurückzuführen.

»Wir glauben an die heilige, katholische Kirche«

»Katholizität« gehört zu den Notae ecclesia – noch bevor sie zu einer Konfessionsbezeichnung geworden ist. »Die Kirche soll eine utopische Vision bezeugen und vorwegnehmend leben: die Vision der durch Christus im Heiligen Geist geeinten Menschheit« – so hat Bischof Wanke 1982 in Priesterkonferenzen in der Diasporasituation von Erfurt dieses Wesensmerkmal der Kirche gedeutet[7]. Wo erleben wir solche Katholizität? Sicher bei großen Wallfahrten, bei Weltjugendtagen, bei Papstaudienzen. Nötig ist aber auch, bewusst zu machen: »Katholischsein heißt, in Querverbindungen stehen. Es bedeutet, einander in Nöten zu helfen; es bedeutet, von dem Guten des anderen zu lernen und das eigene Gute freigebig auszuteilen, es bedeutet den Versuch, sich gegenseitig kennen zu lernen, einander zu verstehen und gelten zu lassen. Hier wird man es freilich nicht bei unverbindlichen moralischen Imperativen belassen dürfen. Sondern es wird eine wichtige Aufgabe der Zukunft sein, praktische Vollzugsformen des gegenseitigen Austausches und der gegenseitigen Fürsorge zu finden.« Kardinal Ratzinger nennt in diesem Zusammenhang als »menschlichste und zugleich christlichste Form des Zugewandtseins der Christen und ihrer Gemeinden … die Gastfreundschaft der Christen«[8].

Es müsste ein vordringliches pastorales Anliegen werden, solche Erfahrungen von Katholizität möglich zu machen – auch im Alltag und in der Nachbarschaft von Ortskirchen. »Katholizität« auf der Ebene der Nachbarschaft ist allerdings oft schwerer, weil konkreter und anfordernder als das bloß verbale Bekenntnis zur weltweiten Katholizität: Sprachbarrieren, kulturelle Unterschiede, geschichtliche Belastungen, Vorurteile sind zu bewältigen.

Begegnung verschiedener »Katholizismen«

Es gibt verschiedene kulturelle Prägungen, die die Kirche in den verschiedenen Völkern und Staaten angenommen hat: einen lokalen Kairos, der sich aus dem Volkscharakter und der Geschichte ergibt; eine soziokulturelle Gestalt, die das kirchliche Leben durch die Einbettung in einen Kulturkreis angenommen hat. Die Kirche hat diese Kulturräume mitgeformt und selbst darin Profil und Konturen gewonnen. In diesem Sinn kann man von einem »bayrischen«, einem »rheinischen«, einem »polnischen« und auch von einem »österreichischen Katholizismus« sprechen.

Erfahrungsgemäß treten auch Spannungen zwischen diesen verschiedenen Ausprägungen auf. Je mehr Kontakte es zwischen den Völkern gibt, desto wichtiger wird es, dass es auch zu einer Begegnung dieser verschiedenen Ausformungen katholischen Lebens kommt, zur Entdeckung der Vielfalt als Reichtum. Erst dann ist auch das Bekenntnis zur »ecclesia catholica« ein Bekenntnis zur Einheit in einer großen Vielfalt.

Katholizität in diesem Sinn muss erfahren, gewollt, eingeübt und praktiziert werden. Wenn Christen aus verschiedenen Staaten im Glauben, im Gebet und im Gottesdienst zueinander finden, ist das sowohl ein Zeichen der Einheit, zu der wir von Gott berufen sind, als auch ein Dienst an der Versöhnung der Völker – hier wird das Wort des Konzils von der Kirche als »Zeichen und Werkzeug« greifbar.

Die Größenordnung der Kirche

Die neuere österreichische Kirchengeschichte belegt eine große Bandbreite, wie Katholikentage angelegt sein können[9]: Da gab es relativ kleine Treffen hochmotivierter Delegierter – z. B. 1962 in Salzburg vor dem Konzil mit dem denkwürdigen Hauptreferat von Karl Rahner unter dem Pauluswort »Löscht den Geist nicht aus!«[10] und 1974 zum Abschluss des Österreichischen Synodalen Vorganges; und es gibt eine Tradition von sehr großen Versammlungen – wie z. B. 1983 mit dem ersten Besuch Papst Johannes Pauls II. in Österreich. »Alles hat eine Zeit« heißt es bei Kohelet. Bedenkenswert ist das Wort Kardinal Ratzingers: »Die Größenordnung, in der die Kirche lebt, ist nicht der Verein, nicht der Freundeskreis, sondern ›Volk Gottes‹ als Gegenüber zu den Völkern der Welt«[11]. Es gibt Anzeichen, dass wir eine Einstellungsänderung nötig haben vom Rückzug in wohlige, überschaubare Gemeinden hin zur Bereitschaft, diese Größenordnung der Kirche wieder zu entdecken. Die Weltjugendtage zeigen es: jetzt ist Zeit zur Entdeckung und Erfahrung, dass die Christen in Europa gar nicht so wenige sind und dass wir uns gegenseitig im Glauben bestärken können; zu bekennen, dass der Glaube nicht eine Privatsache ist, sondern öffentlich werden will.

Der oft gehörte Verdacht, Katholikentage seien lediglich »religiöse Massenveranstaltungen«, geht ins Leere, wenn man die seit Jahrzehnten ausgeprägte Kultur dieser Christentreffen betrachtet: Es hat sich ein Dreischritt bewährt: Katholikentage sind gekennzeichnet durch Gottesdienst, geistige Auseinandersetzung und menschliche Begegnung, man könnte auch sagen: Sie sind fromm, intellektuell redlich und fröhlich. Dieser Dreiklang wäre auch Pfarren und kirchlichen Gruppen sehr zu wünschen.

»Nachhaltigkeit«

Vor Jahren ist in Deutschland das böse Wort vom »Katholikentagskatholizismus« aufgekommen, mit dem man angesichts der relativ hohen Häufigkeit von großen Kirchentreffen auf die Diskrepanz zwischen den enormen Vorbereitungen und großen Erklärungen von Katholikentagen auf der einen Seite und der Umsetzung solcher Beschlüsse auf der anderen Seite angespielt hat. Der nächste Katholikentag stand schon wieder vor der Tür und es mussten die nötigen Vorbereitungen begonnen werden … In Österreich hat sich dieses Problem nicht so – wohl aber anders gestellt: die Kräfte nach Katholikentagen waren meist erschöpft, eine konsequente Nacharbeit – etwa nach 1983 – ist ausgeblieben.

Was wird in die Nachhaltigkeit des Mitteleuropäischen Katholikentages investiert?

Vernetzung und Zusammenarbeit: Auf jeden Fall sollte das Maß an Zusammenarbeit und Vernetzung, das sich zwischen Bischofskonferenzen, Diözesen und Pfarren in der Vorbereitung auf den Mitteleuropäischen Katholikentag und die Wallfahrt der Völker ergeben und bewährt hat, nicht reduziert, sondern weitergepflegt, ja ausgeweitet werden.

Die Botschaft der Bischöfe der acht Bischofskonferenzen, die am Ende des Hauptgottesdienstes bei der Wallfahrt der Völker in Mariazell verkündigt worden ist, braucht eine Konkretisierung, ein weitergehendes Gespräch auf allen pastoralen Ebenen bis hin zu einer Evaluierung zwischen den Bischofskonferenzen. Die »sieben Bitten« der Bischöfe lassen sich unschwer mit dem Pastoralprogramm verbinden, das Papst Johannes Paul II. in *Novo Millennio Ineunte* formuliert hat.

Das Ökumenische Sozialwort hat in seinem Europakapitel »Aufgaben für die Kirchen« formuliert, die bei den Erfahrungen, die die Kirchen in den letzten Jahrzehnten gemacht haben, ansetzen:

Wichtigstes Anliegen der Kirchen ist es, Schritte zur Versöhnung zu setzen.

Die Kirchen in Österreich nützen ihre vielfältigen Beziehungen zu den Ländern Mittel- und Osteuropas, um die Erweiterung und die Integration in Europa nicht nur wirtschaftlich, sondern auch sozial und kulturell zu fördern.

Kirchliche Einrichtungen sollen mit ihrem Beitrag zum Aufbau zivilgesellschaftlicher Strukturen in Mittel- und Osteuropa und durch ihre Kontakte den Einigungsprozess an der Basis fördern.

Die Kirchen nehmen in vielfältiger Weise eine Brückenfunktion zwischen unterschiedlichen Gruppen und Kulturen wahr – zu allen Menschen, auch zu Einwanderern.

Kirchen fördern Begegnung und kulturellen Austausch und empfehlen das Erlernen von Sprachen unserer Nachbarländer.

Kirchen treten gegen Rassismus und jede Diskriminierung von Minderheiten ein.

Für die Nacharbeit zum Katholikentag ergibt sich daraus eine Reihe von Anregungen, wie die katholische Kirche ihren Weg weitergehen könnte.

Gastfreundschaft aufzugreifen und weiterzupflegen ist sicher die Kultur wechselseitiger Gastfreundschaft vor allem auf der Ebene von Pfarr-, Gemeinde- und Schulpartnerschaften.

Kirchliche Feste, Wallfahrten und Katholikentage müssen sorgfältig vorbereitet werden. Aber sie sind auch Zeichen des Glaubens, deren Bedeutung für die Pastoral und den Weg der Kirche nicht zu kurzatmig eingeschätzt werden darf. Sie haben etwas von der Würde der Samenkörner, von deren Aussaat das Gleichnis spricht. Vertrauen wir, dass auch diese Saat auf guten Boden fällt und Frucht bringt!

Anmerkungen

1 Herder Korrespondenz 45 (1991), S. 31–36.
2 Sozialwort des Ökumenischen Rates der Kirchen in Österreich, Wien 2003, S. 60–65.
3 Kapellari, Egon: Christen sollten in Europa mitreden und mitgestalten, in: Die österreichischen Bischöfe 2, Die Kirchen auf dem Bauplatz Europa. Stimmen der österreichischen Bischöfe zur Wiedervereinigung Europas. Wien 2002.
4 Vgl. Wanke, Joachim: Last und Chance des Christseins. Akzente eines Weges. Leipzig 1991; Ders., Neue Herausforderungen – Bleibende Aufgaben. Pastorale Akzente in postsozialistischer Zeit. Leipzig 1995.
5 Pannenberg, Wolfhart: Christliche Wurzeln des Gedankens der Menschenwürde, in: Kerber, Walter (Hg.), Menschenrechte und kulturelle Identität, München 1991, S. 75.
6 Hünermann, Peter (Hg.): Gott – ein Fremder in unserem Haus? Die Zukunft des Glaubens in Europa, Freiburg/Br 1996 (= Quaestiones.disputatae Nr. 165).
7 Wanke, Joachim: in: Herder Korrespondent 36 (1982), S. 439.
8 Ratzinger, Joseph: Die pastoralen Implikationen der Lehre von der Kollegialität der Bischöfe, in: Das neue Volk Gottes. Entwürfe zur Ekklesiologie. Düsseldorf 1969, S. 215 f.
9 Vgl. Liebmann, Maximilian: Österreichische Katholikentage, in: Österreichischer Katholikentag 1983. »Hoffnung leben – Hoffnung geben«, Graz 1984, S. 15–53.
10 Rahner, Karl: »Löscht den Geist nicht aus!« in: Schriften zur Theologie VII. Einsiedeln 1966, S. 77–90.
11 Ratzinger, Joseph: in: Theologische Prinzipienlehre. Bausteine zur Fundamentaltheologie. München 1982, S. 266.

Der Mitteleuropäische Katholikentag – pastorale Beobachtungen

Walter Krieger

Der Mitteleuropäische Katholikentag (MEKT) 2003/2004 ist Geschichte. Er war ein Großereignis. Aber anders als bei gesellschaftlichen Großveranstaltungen, die zumeist Ereignisse »in sich« sind, fragt man hier: Was war seine Bedeutung? In welchem Gesamtzusammenhang ist er zu sehen? Was hat er gebracht? Wie geht es jetzt weiter?

Vorgeschichte

Nach dem »Dialog für Österreich« 1997–1998[1] sollte »der Dialog« auf verschiedenen Ebenen weitergehen. Dabei wurde eine Idee der Katholischen Aktion Österreich von der Österreichischen Bischofskonferenz aufgegriffen, adaptiert und in einen mitteleuropäischen Kontext gestellt. So entstand der Plan eines MEKT, der von acht Bischofskonferenzen gemeinsam getragen und durchgeführt werden sollte: Bosnien-Herzegowina, Kroatien, Österreich, Polen, Slowakei, Slowenien, Tschechische Republik, Ungarn.

In einem ersten Schritt musste zu einer Zusammenarbeit gefunden werden. Das bedeutete, Kontakte herzustellen mit allen acht Ländern, die Idee zu besprechen, Pläne auszuarbeiten und immer wieder miteinander abzustimmen. Während das Problem verschiedener Sprachen gering war – in den Vorbereitungsgruppen sprachen alle Deutsch –, begegnete man einander doch in völlig verschiedenen Kommunikations- und Organisationskulturen, was voneinander viel Geduld und Verständnis forderte. Und das war manchmal vielleicht wichtiger als organisatorische »Effizienz«. Der Versuch, den Weg *miteinander* zu gehen, bedeutete einen Verzicht auf Durchsetzungswillen: mit dem Eingehen auf Eigenarten und Vorlieben in anderen Ländern akzeptierte man auch ein wenig »Befremdung« im eigenen Land; das Aufgreifen unterschiedlichster Beiträge und Ideen führte zu einer großen, fast unüberschaubaren Vielfalt von kleineren Gestaltungselementen.

Es war die Mühe wert. Die Erfahrung, wie es miteinander gut geht trotz aller Unterschiede, ist für eine gemeinsame Zukunft (der Kirchen) in Mitteleuropa wahrscheinlich wichtiger als eine nach »westlichen« Organisationsprinzipien perfekte Veranstaltung.

Ziele

In einem gemeinsamen Hirtenbrief der acht Bischofskonferenzen vom 1. Juni 2003, wurde der MEKT unter dem Motto »Christus – Hoffnung Europas« gleichzeitig in den beteiligten Ländern vorgestellt: »Der MEKT ist ein Prozess, der rund ein Jahr dauert. Das Motto dafür lautet »Christus – Hoffnung Europas«[2]. Mit ihm wollte man:

»Als Kirche Grenzen überwinden und Zeichen der Versöhnung setzen, denn die tragische Geschichte des 20. Jahrhunderts hat die Völker in unserem Raum entzweit. Dieses traurige Erbe gilt es zu bewältigen, es darf nicht die gemeinsame Zukunft vergiften.

Gemeinsam die Quellen des Christ-Seins auf unserem Kontinent – entlang der Pilgerstraßen Europas und an den großen Heiligtümern – wieder entdecken und dieses positive Erbe für die gemeinsame Zukunft fruchtbar machen.

Als Christen gemeinsam am Bauplatz Europa tätig werden und zur gesellschafts-politischen Verantwortung ermuntern.«[3]

Chronologie und Struktur

Der MEKT war ein langer »Tag« mit vielen Ereignissen. Neben einer gemeinsamen Auftaktveranstaltung – der Europa-Friedensvesper am 10. Juni 2003 im Stephansdom in Wien – fanden in allen Ländern bzw. Diözesen Startveranstaltungen statt. In jedem der Länder wurde eingeladen, an einer oder mehreren großen Wallfahrten teilzunehmen.

Die acht Symposien zeigten, dass es nicht nur um eine spirituelle, sondern auch um eine gesellschaftlich engagierte christliche Mitgestaltung Europas gehen wird.

Die Pfarrgemeinden in allen Ländern waren eingeladen, an den sog. »Ländersonntagen« die Gottesdienste so zu gestalten, dass jeweils ein anderes Land näher vorgestellt wurde[4].

Im Zeitraum des MEKT schlossen sich viele Veranstaltungen kirchlicher Einrichtungen in den acht Ländern diesem Thema an.

Den Abschluss bildete die große »Wallfahrt der Völker« am 22. Mai 2004 in Mariazell, die von einem eigenen Jugendprogramm umrahmt wurde.

Der MEKT blieb lange ein Thema der Bischofskonferenzen und einiger weniger, die dieser Idee und diesem Anliegen besonders verbunden waren. Darüber konnten weder der Hirtenbrief noch weitere Worte der Bischöfe oder die Beteiligung der Laienorganisationen hinweghelfen. Hier gab es ein redliches Bemühen. Allerdings war es schwer, Begeisterung zu finden.

Erst die sich nahende »Wallfahrt der Völker« und die aufmerksame öffentliche Berichterstattung (auch die Spekulationen um einen möglichen Papstbesuch) gaben einen kräftigen Impuls, der das beharrliche, aber eher stille Engagement der Verantwortlichen sichtbar machen konnte.

Ein abgeschlossener Prozess?

Der Rahmen war festgelegt, Einzelheiten mussten sich im Lauf der Zeit herauskristallisieren. Aber die Frage war: Wie wird es gelingen, dass Menschen nicht nur am gleichen Ort zusammenkommen, sondern einander begegnen? Wie würde sich diese »west-östliche« Partnerschaft konkret entwickeln? Was kann der MEKT dazu beitragen, Grenzen zu überwinden?

Zunächst entdeckte man überraschend oft die Spuren einer gemeinsamen Geschichte, gemeinsame Traditionen und – das war zwischen den einzelnen Ländern unterschiedlich – eine Verwandtschaft der verschiedenen Mentalitäten. Wichtig war es, sich immer wieder der gemeinsamen Fundamente des einen Glaubens zu vergewissern, der sich sehr wohl in seinen unterschiedlichen Ausprägungen (in verschiedenen »Katholizismen«) bemerkbar machte.

Diese direkte Begegnung mit unterschiedlichen Arten, den Glauben in der katholischen Kirche zu leben, hat gerade erst begonnen. Denn bis heute neigt man dazu, sich in einem eigenen, relativ kleinen, in sich recht harmonischen Glaubensmilieu zu bewegen, Kontakte darüber hinaus werden schon als konfliktträchtig eingeschätzt.

Überall ist natürlich die Spannung von Vielfalt in Einheit und Einheit in Vielfalt spürbar. Wie kann diese Spannung fruchtbar werden? Welches vorausgehende Vertrauen in den anderen und in den Geist Gottes ist notwendig?

Der MEKT hat dafür Beispiel gegeben. Aus dieser Erfahrung von Verbundenheit kann eine gestalterische Kraft hervorgehen, die in Zukunft noch mehr Grenzen überwinden und zu noch größerer Gemeinsamkeit führen kann. Was von der Art her ähnlich in Taizè oder bei anderen internationalen Treffen schon erlebbar war, wurde beim MEKT von offiziellen kirchlichen Strukturen getragen, die damit ihre Anschlussfähigkeit an neue kirchliche und gesellschaftliche Entwicklungen bewiesen haben.

In diesem Sinn brachte der MEKT Ermutigung zum gemeinsamen Christ-Sein, zur mitmenschlichen Begegnung, zur gesellschaftlichen Mitgestaltung in Europa, zur Offenheit für die neu in Blick kommenden Schwestern und Brüder. Und hier ist der MEKT-Prozess *offen*, denn die genannten Ziele bleiben nicht bei den beteiligten Ländern stehen, sondern sind offen für alle, denn: »Christ-Sein ist grenzenlos«. Der MEKT ist abgeschlossen. Was er aber angeregt hat, ist offen.

Ein Friedensprojekt

Die eröffnende Europa-Vesper am 10. Juni 2003 im Wiener Stephansdom erinnerte an die jüngste Geschichte unseres Kontinents. Sie verdeutlichte, wie verfeindete Nationen schließlich zu einem Friedensprojekt zusammengefunden haben, dessen Entwicklung zur heutigen Rolle der Europäischen Union im europäischen Kontext führt. Diesem Friedenprojekt weiß sich der MEKT verbunden und fördert dies durch spirituelle Impulse (Wallfahrten) und die Ermutigung zu einer gerechten Gestaltung der Gesellschaft (Symposien).

Manchmal wurden Spannungen zwischen einzelnen Ländern bemerkbar. Das Dabei-Sein zumindest des dritten Landes hat geholfen, leichter über Differenzen hinweg zusammenzufinden.

Jetzt geht es darum, den Frieden zu tun und nach dem Händeschütteln und Einander-willkommen-Heißen das Verständnis füreinander zu vertiefen. In diesem Sinn sind zahlreiche grenzüberschreitende Projekte, Partnerschaften entstanden oder bereits bestehende Kooperationen haben einen starken Impuls erhalten. Auch dies sind Anregungen, die über die Kirche hinaus im Sinn eines engeren Zusammenwachsens der Menschen in Europa bedeutsam und beispielgebend sind.

Wallfahrten

Mit der Aufnahme der Wallfahrten in den MEKT-Prozess belebte man einerseits eine lange Tradition von europäischen Pilgerwegen, die international weniger bekannt sind, aber für die christliche Kultur der einzelnen Länder mitunter identitätsstiftende Bedeutung haben. Ein besonderes Beispiel boten jene Wallfahrten nach Kroatien und Bosnien-Herzegowina, in denen die Wunden des letzten Krieges spürbar waren, und wie mühsam und wichtig jeder noch so kleine Versöhnungsschritt zwischen den Völkern ist. Christen aus den betroffenen Ländern und darüber hinaus haben mit ihrer Teilnahme an diesen Wallfahrten im Rahmen des MEKT Zeichen gesetzt. Viele sollten nun in diese Richtung weitergehen.

Im Übrigen liegen Wallfahrten heute wieder im Trend. Jedoch sind neue Formen zu finden, die nicht mehr so viel an katholischer Sozialisation voraussetzen. Das ist eine Herausforderung. Die Wallfahrt der Völker in Mariazell hat dafür eine Perspektive gezeigt.

Europa braucht Wege, die Menschen zusammenführen und braucht geistliche Kristallisationspunkte. Es ist zu wünschen, dass in diesem Zusammenhang die Menschen kirchliche Wege und Orte finden, um Heil zu er-fahren.

Ländersonntage

Im Verlauf des MEKT waren »Ländersonntage« vorgesehen, die allerdings wenig beachtet wurden. In Österreich bemühten sich die kirchlichen Medien darum, diese Anregung zu konkretisieren, sonst war wenig spürbar.

Die Idee war gut. Vielleicht begann es zu früh (im Sommer 2003), bevor sich das MEKT-Projekt bis zur Basis herumgesprochen hatte. In der Folge wurde der MEKT selten als pfarrliche Priorität gesehen. Nur wo sich jemand am Ort für dieses Anliegen besonders engagierte, wusste man frühzeitig von ihm.

Vielleicht wird die Idee der »Ländersonntage« ein anderes Mal besser ankommen.

Symposien

Folgende acht Symposien fanden statt: Christliche Werte in der Europäischen Union (Budapest), Lebensethik (Bratislava), Religionsunterricht / Weitergabe des Glaubens (Cilli/Celje), Die Geschichte verpflichtet zur Verantwortung – Märtyrer und Glaubenszeugen (Sarajevo), Gesellschaft und Wirtschaft im Umbruch – Kirchliche Mitwirkung am Zukunftsprojekt Europa (Puchberg/Österreich), Wie werden wir morgen leben? – Strategien angesichts der demographischen Entwicklung in Europa (Brünn), Neue Herausforderungen in der Ehe- und Familienpastoral (Zagreb), Landwirtschaft / Ländlicher Raum (Warschau)[5].

Es waren zumeist gute, typische internationale Fachtagungen, zu deren Teilnahme es mehr als eines allgemeinen Interesses bedarf: nämlich eine einschlägige fachliche Beschäftigung mit dem jeweiligen Thema. Inhaltlich gab es zumeist »nichts Neues«, jedoch eine grenzüberschreitende Vergewisserung von Erkenntnissen und Positionen aus christlicher Sicht. Dabei wurden Standpunkte formuliert, die als christlicher Beitrag und als Dienst für eine gute gesellschaftliche Entwicklung gedacht waren.

Die Gestaltung mit Vorträgen (eher selten mit Diskussion), Gottesdienst und kulturellem Programm war stets gelungen. Für manche Länder war dies eine erste kirchliche internationale Veranstaltung und somit eine erste derartige Erfahrung. Der »Erfolg« bedeutete eine Ermutigung (»wir können das«), auch in Bezug auf die Zusammenarbeit mit öffentlichen Stellen und mit den im allgemeinen gut vertretenen Medien.

Begegnungen fanden vor allem zwischen Teilnehmenden statt, die einander schon kannten und für die das Symposium eine Gelegenheit zu einem Wiedersehen bot. In zweiter Linie lernten einander Teilnehmer/innen des gleichen Landes kennen. (Scheinbar muss man manchmal weit fahren, um sogar jene zu treffen, die zwar im gleichen Haus arbeiten, aber doch in einem anderen kirchlichen Bereich tätig sind, mit dem man sonst wenig in Berührung kommt.) Wirklich neue Begegnungen zwischen Einzelpersonen aus verschiedenen Ländern fanden nur vereinzelt statt, was nicht nur an der Sprache lag.

Zwei Symposien hatten eine eigene Prägung, wodurch »mehr« von der Situation der Kirche in Slowenien und in Polen (zwischen den Zeilen) spürbar wurde. Dazu ein paar Beobachtungen:

Das Symposium »Religionsunterricht – Weitergabe des Glaubens« in Cilli/Celje war von Anfang an mit einer eingeschränkten Teilnehmerzahl »klein« angelegt. Im Symposium selbst berichteten die slowenischen Referenten immer wieder von dem mangelnden Selbstbewusstsein der Christen, die sich als Gläubige als »Menschen zweiter Klasse« in der slowenischen Gesellschaft fühlten. Dem entsprach in eigenartiger Weise die inhaltliche Schwerpunktsetzung dieser Tagung. Im Thema sollte es zwar um die Weitergabe des Glaubens gehen, tatsächlich kam vor allem das Bedauern zum Ausdruck, dass es in Slowenien keinen schulischen Religionsunterricht gibt. Weitere Bereiche der Glaubensweitergabe wurden nicht erwähnt. – Was hier auf den ersten Blick als Engführung des Themas aussah, ließ in Wirklichkeit mehr von der Situation der Kirche in Slowenien erfahren als dies bei einer sehr abgerundeten, allumfassenden Behandlung des Themas der Fall gewesen wäre.

Das Symposium in Warschau »Landwirtschaft – Ländlicher Raum« wurde zugleich als 11. Soziale Woche – die alljährliche Tagung der Katholischen Aktion der Diözese Warschau, zu der die anderen Diözesen eingeladen werden – durchgeführt. Somit stand die Polnische Bischofskonferenz zwar wohlwollend hinter der Tagung, fühlte sich jedoch nicht als Veranstalter. Es nahmen auch nur zwei polnische Bischöfe teil (d. h. weniger »Heimat-Bischöfe« als bei allen anderen Symposien), und zwar jene, die für die Katholische Aktion bzw. für das Thema Landwirtschaft in der Polnischen Bischofskonferenz zuständig waren. Der internationale Charakter als Symposium im Rahmen des Mitteleuropäischen Katholikentages war durch die Referenten, die Dolmetscher, die Teilnahme einer österreichischen und einer kleinen ungarischen Delegation sowie eines Slowaken gewahrt. Aus polnischer Sicht war dieses Symposium aber eine »Laientagung« und das heißt, dass die polnische Kirche und die Öffentlichkeit nicht wirklich erreicht wurden. Dabei hätte sich gerade diese inhaltlich hochinteressante Tagung weit mehr kirchliches und öffentliches Interesse verdient.

Schlussbemerkung

Was zeigt das? In den verschiedenen Ländern (aber auch in einzelnen Gruppen desselben Landes) sieht die Kirche ihre Situation und ihre Aufgabe »in der Welt« unterschiedlich. Ebenso ist die Zusammenarbeit zwischen Bischofskonferenzen und Laienorganisationen, zwischen Klerus und Laien in den einzelnen Ländern nicht wirklich vergleichbar. Die diesbezüglichen Herausforderungen, Probleme und Lösungen lassen sich außerdem nicht von einem Land auf ein anderes übertragen. Wo sich jedoch der Blick und das Interesse für die Erfahrungen anderer öffnet, werden Anregungen gefunden, die niemals aufgedrängt werden dürfen. Somit geht es zuallererst um eine grenzüberschreitende Vertrauensbildung, die auf der Grundlage gemeinsamer Glaubensfundamente aufgebaut ist, bevor man voneinander auch in »praktischen« Dingen Impulse annimmt und umsetzt. Wie rasch und wie weit ein solches gegenseitiges Vertrauen wächst, liegt in der Offenheit und der Freiheit der Menschen. Der MEKT war dafür eine gute »Übung«, die auch von gesellschaftlicher Bedeutung sein sollte.

Anmerkungen

1 Dialog für Österreich. Dokumentation der Delegiertenversammlung vom 23. bis 26. Oktober 1998 in St. Virgil, Salzburg, hg. von Weihbischof Dr. Alois Schwarz und Gerhard Lang. Wien 1998

2 Mitteleuropäischer Katholikentag 2003/2004. Hirtenbrief und pastoral-liturgische Texte zur Begleitung (Die österreichischen Bischöfe 4), hg. vom Generalsekretariat der Österreichischen Bischofskonferenz. Wien 2003

3 Ebd.

4 Ebd.

5 Der Autor hat an sieben der acht Symposien teilgenommen dabei.

Das war »Mariazell 2004«

Einige Daten und Fakten zur »Wallfahrt der Völker«

Martin Kugler

»Wir reden nicht vom Wetter!« war einmal ein Slogan von Leuten, die die Welt von Grund auf verändern wollten. Und obwohl in Mariazell das Wetter an diesem 22. Mai 2004 in jeder Hinsicht dominant war, blieb es keinesfalls bei der Rede vom Wetter. Fast 100.000 Pilger/innen – die meisten von ihnen in knapp 1500 Bussen aus größerer Entfernung angereist – widerstanden den extrem ungünstigen äußeren Bedingungen und gaben gerade dadurch ein beeindruckendes Zeugnis für den Grund ihrer Hoffnung[1]. In ganz Europa war das Echo beachtlich, »Mariazell – die Wallfahrt der Völker« war am Wochenende vor Pfingsten wohl der meistgenannte Ortsbegriff in den bedeutenden Medien. Und »Le Monde« zitierte in einem ausführlichen Bericht den greisen Pilger Otto von Habsburg, der gemeint hatte: »das schreckliche Wetter trägt zum Erfolg bei, denn die Leute sind wirklich aus Überzeugung hier geblieben!«

Menschen aller Alters- und Berufsgruppen aus den acht Teilnehmerländern und vor allem junge Leute prägten denn auch das nass-bunte Bild des Wallfahrtsortes. Über 6000 Jungen und Mädchen waren schon am Freitag gekommen, um an der Eröffnungsfeier in der Basilika teilzunehmen. Es war eine sehr lebendige Mischung aus Gebet, persönlichen Zeugnissen und Liedern in allen Sprachen. Eine slowakische Gruppe führte einen liturgischen Tanz auf, ein junger Pole erzählte von seiner Bekehrung, und so nebenbei wurde vom anwesenden Kardinal Meissner auch

1 Zur Wallfahrt der Völker sind erschienen: Eine von der Österreichischen Bischofskonferenz herausgegebene Dokumentation, Graz 2004, sowie das Buch »Christus – Hoffnung Europas. Wallfahrt der Völker nach Mariazell«. Wien 2004.

ein bisschen Werbung für das kommende Weltjugendtreffen in Köln gemacht. Bei der anschließenden nächtlichen Anbetung blieben viele Jugendliche in der Basilika und die Bischöfe mit ihnen, wobei die meisten auch ihren Dienst in den Beichtstühlen versahen. Auf dem Heimweg in die Zeltstadt kam es dann, so wie auch an den beiden kommenden Tagen, zu Begegnungen über Länder- und Sprachgrenzen hinweg.

Der nächste Tag stand ganz im Zeichen der Eucharistiefeier auf dem Festgelände. Gemeinsam mit dem Delegaten des Papstes, Kardinal Angelo Sodano, haben weitere elf Kardinäle, 130 Bischöfe und über tausend Priester konzelebriert. Der Höhepunkt des Mitteleuropäischen Katholikentags konnte über die Anwesenden hinaus von Millionen Menschen mitverfolgt werden. In fast allen Teilnehmerländern übertrug das Fernsehen live. Auch sonst war das Interesse der Medien erfreulich groß. Über 200 Journalisten aus zwölf Ländern waren akkreditiert. Die Gunst der historischen Stunde (fünf der acht Teilnehmerländer waren ja am 1. Mai 2004 der Europäischen Union beigetreten) gab dem Anliegen der Wallfahrt auch im größeren Europa Gewicht. Das unterstrichen nicht nur viele Zeitungskommentare, sondern auch die Anwesenheit zahlreicher Gäste aus Politik und Wirtschaft. Neben EU-Kommissionspräsident Romano Prodi waren Franz Fischler und der neue slowakische EU-Kommissar Jan Figel anwesend. Vier Staatsoberhäupter, Bundeskanzler Schüssel, der kroatische Ministerpräsident Sanader und ein Großteil der österreichischen Landeshauptleute waren ebenfalls gekommen. Die öffentliche Hand hatte in Österreich das Projekt von Anfang an mit Interesse und Hilfsbereitschaft mitverfolgt.

Nicht nur Journalisten wollten am Ende des Tages wissen, wie es weitergeht. Natürlich war Mariazell zunächst das Ziel einer Wanderung, die ein Jahr lang die Katholiken aus acht Ländern zusammenführen wollte. Aber »die Wallfahrt der Völker« ist zugleich Aufbruch auf einen Weg, der mit und ohne institutionelle Planung weitergeht. Der Mitteleuropäische Katholikentag wollte von Anfang an ein nachhaltiges geistliches Ereignis sein und gegen Ermüdungserscheinungen im Herzen dieses »alten« Kontinents wirken, der jetzt demographisch aber auch in anderer Hinsicht zu vergreisen droht. Bischof Kapellari sprach von Europa als müdem Kontinent, in dem Gott »vor vielen Türen ein Fremder« ist, wie auf keinem anderen. Zugleich gebe es in Europa aber auch viele Frischzellen in Gesellschaft und Kirche, viele neue Aufbrüche, die freilich noch viel mehr zusammenfinden, zusammenwachsen müssten. Dazu wollte die Wallfahrt nach Mariazell beitragen und dies dürfte trotz aller Windstöße und Regengüsse doch gelungen sein. »Viel Gnadenregen von oben!« meinte Kardinal Schönborn am Ende. Damit wäre das Ergebnis ja zufriedenstellend.

Die Botschaft von Mariazell

Ohne den Mitteleuropäischen Katholikentag wäre vieles nicht geschehen, würde manches nicht geschehen, das nun begonnen hat. Es wurden Horizonte eröffnet, die man im kirchlichen Alltag nicht einmal ahnt. Vieles wird weiter wirken.

Natürlich ist nicht alles planmäßig gelaufen. Aber das ist jetzt Nebensache. Übrig bleibt die Frage: Was will Gott durch den MEKT sagen? Was heißt es, sich unter das Motto der »Wallfahrt der Völker« zu stellen »Was er euch sagt, das tut«?

In der Botschaft von Mariazell, die als Hirtenwort in den beteiligten Ländern verlesen wurde, werden konkrete Schritte genannt, in welcher Weise sich Christen einbringen und damit die Zukunft Europas mitgestalten wollen[1].

»Wir Bischöfe bitten alle unserem Hirtendienst anvertrauten Christen: Versteckt euren Glauben nicht! Bleibt nicht am Rand des Weges in die gemeinsame Zukunft stehen! Geht mit, denkt mit, redet mit, arbeitet mit, sucht Allianzen mit allen Menschen guten Willens! Jeder von Euch kann dazu etwas Kostbares beitragen. Was sollen wir als Christen in Europa heute und morgen tun? Wir Bischöfe haben als Antwort auf diese Fragen sieben Bitten formuliert, die wir Euch, liebe Christen, Brüder und Schwestern, auf den Weg in die Zukunft mitgeben:

1 Zitiert nach www.katholikentag.at, der offiziellen Homepage zum MEKT; hier werden zentrale Anliegen des Papstes für Europa angesprochen: Johannes Paul II., Nachsynodales Apostolisches Schreiben »Ecclesia in Europa« zum Thema »Jesus Christus, der in seiner Kirche lebt – Quelle der Hoffnung für Europa«, Vatikanstaat 2003, hg. vom Sekretariat der Deutschen Bischofskonferenz, Bonn 2003. Weiters wird auch das Thema der Österreichischen Pastoraltagung »Pastorale Perspektiven auf dem Bauplatz Europa« nochmals fokussiert.

1. Den Menschen Christus zeigen

»Ihr sollt meine Zeugen sein«, hat Jesus Christus den Aposteln gesagt. Er sagt es auch zu uns. Viele Menschen in Europa kennen Christus nur oberflächlich oder noch gar nicht. Wir sind berufen, ihnen Christus zu zeigen. Wir begegnen ihnen, wenn wir tief eintauchen in die Heilige Schrift, in das Gebet und in die Feier der Liturgie. Dazu brauchen wir eine konsequente Einübung. In den letzten Jahren ist dies leider oft versäumt worden. Wenn wir Christus wirklich gefunden haben, dann wird er uns drängen, die Freude darüber mit möglichst vielen anderen Menschen zu teilen. Wir werden missionarische Christen sein. Bitten wir um die Kraft des Heiligen Geistes, dies zu tun.

2. Beten lernen und beten lehren

Europa wird nur gesegnet sein, wenn es hier viele Menschen gibt, die miteinander und auch einzeln beten und so Gott eine lobende, dankende und bittende Antwort auf das Wort geben, das er durch Schöpfung und Erlösung immer neu zu uns spricht. Unsere Pfarrgemeinden und Gemeinschaften sollen noch mehr Schulen des Gebetes werden. Heiligkeit und Schönheit als Teilhabe am Glanz Gottes müssen die Liturgie wieder stärker prägen. Bitten wir um die Kraft des Heiligen Geistes, dies zu tun.

3. Das Glaubenswissen vermehren und vertiefen

»Seid stets bereit, jedem Rede und Antwort zu stehen, der nach der Hoffnung fragt, die euch erfüllt«, lesen wir im 1. Petrusbrief. Dies ist ein Wort auch für heute. Inmitten einer Bildungsgesellschaft ist es notwendig, dass Christen die großartige Gesamtgestalt des christlichen Glaubens gut kennen, damit sie in der Begegnung mit anderen Religionen und Lebensmodellen ernst genommen werden und bestehen können. Der »Katechismus der Katholischen Kirche« ist eine wichtige Hilfe zur Einübung in ein vertieftes Glaubenswissen. Bitten wir um die Kraft des Heiligen Geistes, dies zu tun.

4. Zeichen setzen

Täglich begegnen die Menschen in unseren Ländern einer Flut von Worten und Bildern. Nur weniges davon redet von Gott und für die Kirche. Wir können dem als Christen aber positive Zeichen entgegensetzen, indem wir das Kreuz in der Wohnung und im Arbeitsbereich, das Tischgebet und das Gespräch über religiöse Themen nicht verstecken. Das Zeichen des Kreuzes und andere christliche Symbole und Riten haben ihren Platz ebenso im privaten wie im öffentlichen Raum. Wir tragen als Christen sehr viel zum Wohl der Zivilgesellschaft unserer Länder bei. Das Christentum ist im Ganzen eine Großmacht weltweiter Barmherzigkeit und verdient daher den Respekt und auch die Dankbarkeit der Zivilgesellschaft. Bitten wir um die Kraft des Heiligen Geistes, dies zu tun.

5. Die Sonntagskultur bewahren

Der möglichst arbeitsfreie Sonntag als gemeinsamer Tag größerer Ruhe ist ein hohes Gut, dessen Preisgabe der ganzen Gesellschaft schweren Schaden zufügen würde. Uns Christen ist der Sonntag heilig. Er ist ein Tag des Feierns vor Gott und mit Gott, ein Tag des Dankes für Schöpfung und Erlösung und ein Tag der Familie. Wir wollen Allianzen gegen die Aushöhlung des Sonntags suchen und mitragen. Bitten wir um die Kraft des Heiligen Geistes, dies zu tun.

6. Leben schützen und entfalten

Entschiedene Christen sind Freunde des menschlichen Lebens in allen seinen Dimensionen: Freunde des geborenen und des noch nicht geborenen, des entfalteten und des behinderten, des irdischen und des ewigen Lebens. Dieses Leben ist heute besonders an seinem Anfang und seinem Ende bedroht. Wir werden daher unsere Kraft von Hirn, Herz und Hand einsetzen, um Menschen und ihre Umwelt zu schützen und zu entfalten. Unsere besondere Sorge gilt den Ehen und Familien. Sie sind unentbehrliche Bausteine der Gesellschaft und der Kirche. Die geringe Zahl der Kinder in unseren Ländern ist eines der größten Probleme Europas. Wir halten am Ideal stabiler Ehen und Familien unbeirrt fest und tragen am Geschick jener Menschen helfend mit, deren stabile Beziehungen zerbrochen sind. Bitten wir um die Kraft des Heiligen Geistes, dies zu tun.

7. Die Solidarität in Europa und weltweit fördern

Die Katholiken unserer acht Länder haben im zu Ende gehenden Jahr des Mitteleuropäischen Katholikentages viel miteinander und füreinander getan. Sie haben so die Solidarität der Zivilgesellschaft in unseren Ländern gestärkt. Dieses Miteinander darf nach der »Wallfahrt der Völker« nicht wieder schrumpfen. Wir Bischöfe bitten alle uns anvertrauten Christen: Gehen wir weiter auf dem begonnenen Weg inmitten unseres Kontinents, inmitten der ökumenischen Christenheit und inmitten der ganzen Menschheit. Die Wallfahrt der Völker war und bleibt ein wichtiges Stück dieses Weges. Die Erinnerung an das ehrwürdige Gnadenbild von Mariazell soll uns begleiten. Bitten wir um die Kraft des Heiligen Geistes, dies zu tun.

Autor/innen und Herausgeber

Emil Brix, Dr. phil., Botschafter, Leiter der Kulturpolitischen Sektion im Bundesministerium für auswärtige Angelegenheiten, Wien.

Franz Eckert, Dr. iur., Diakon, Integrationsbeauftragter im Generalsekretariat der Österreichischen Bischofskonferenz, Wien.

Paloma Fernándes de la Hoz, Dr. rer. soc. oec., Mitarbeiterin der Katholischen Sozialakademie Österreichs, Wien.

Egon Kapellari, Dr. iur., Bischof der Diözese Graz-Seckau, Europareferent der Österreichischen Bischofskonferenz, Mitglied der COMECE.

Walter Krieger, Dr. theol., Generalsekretär des Österreichischen Pastoralinstituts, Wien.

Martin Kugler, Dr. phil., Historiker, Journalist, war Pressesprecher des Mitteleuropäischen Katholikentages.

Michael Kuhn, Drs., Leiter des Büros der Österreichischen Bischofskonferenz bei der Europäischen Union in Brüssel, EU-Beauftragter der Österreichischen Bischofskonferenz.

Josef Marketz, Dr. theol., Leiter der slowenischen Abteilung des Seelsorgeamtes der Diözese Gurk-Klagenfurt.

Wilfried Nausner, Pastor der methodistischen Kirche in Graz; war Generalsekretar der 2. Ökumenischen Versammlung 1997 in Graz.

Wolfgang Palaver, Dr. theol., Professor für Christliche Gesellschaftslehre an der Katholisch-theologischen Fakultät der Universität Innsbruck.

Heinrich Schnuderl, Dr. theol., Pastoralamtsleiter der Diözese Graz-Seckau.

Balthasar Sieberer, Geschäftsführender Vorsitzender des Österreichischen Pastoralinstituts und der Pastoralkommission Österreichs, Seelsorgeamtsleiter der Erzdiözese Salzburg.

Paul M. Zulehner, Dr. theol., Dr. phil., Professor für Pastoraltheologie an der Katholisch-theologischen Fakultät der Universität Wien.

Topos plus Biografien

Rita Haub

Franz Xaver

Aufbuch in die Welt

ISBN 3-7867-8423-X

Rita Haub

Rupert Mayer

Der Wahrheit verpflichtet

ISBN 3-7867-8512-0

Rita Haub

Petrus Canisius

Botschafter Europas

ISBN 3-7867-8513-9

Jörger-Peter Findeisen

Birgitta

Gottes Botin im
mittelalterlichen Europa

ISBN 3-7867-8509-0

Topos plus Biografien

Peter Stöger

Martin Buber

Die Einführung
in Leben und Werk

ISBN 3-7867-8488-4

Petra Fietzek

Franziska Schervier

Worte allein vermögen nichts

ISBN 3-7867-8502-3

Mario Spinelli

Gasparo del Bufalo

Mutig voran

ISBN 3-7867-8510-4

Luigi Mezzadri

Vinzenz von Paul

Leidenschaft für die Armen

ISBN 3-7867-8478-7

Reinhard Abeln

Benedikt Menni

Prophet der Liebe

ISBN 3-7867-8535-X

Gottfried Hierzenberger
Der Glaube der Urmenschen
ISBN 3-7867-8491-4

Karl R. Wernhart
Ethnische Religionen
Universale Elemente des Religiösen
ISBN 3-7867-8545-7

Rudolf Simek
Der Glaube der Germanen
ISBN 3-7867-8495-7
(Erscheint 2005)

Gottfried Hierzenberger
Der Glaube der Atheisten
ISBN 3-7867-8496-5
(Erscheint 2005)

Gerhard Hartmann
Daten der Kirchengeschichte
ISBN 3-7867-8476-0

Jos Rosenthal
Der Prozess Jesu
18 Stunden bis zur Hinrichtung
ISBN 3-7867-8475-2

Gottfried Hierzenberger
Engel und Dämonen
ISBN 3-7867-8492-2

Gottfried Hierzenberger
Maria – Die weibliche Dimension Gottes
ISBN 3-7867-8494-9

Von denselben Autoren bei Topos plus

Walter Krieger / Balthasar Sieberer (Hg.)

Wie religiös ist diese Welt

186 Seiten

ISBN 3-7867-8448-5

Topos plus Taschenbuch

Band 448